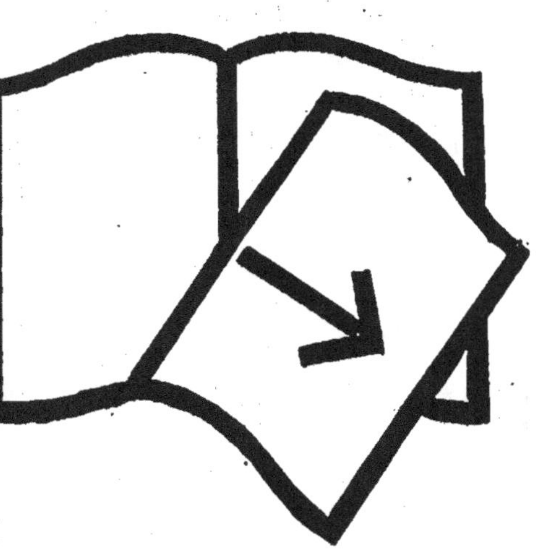

Couverture inférieure manquante

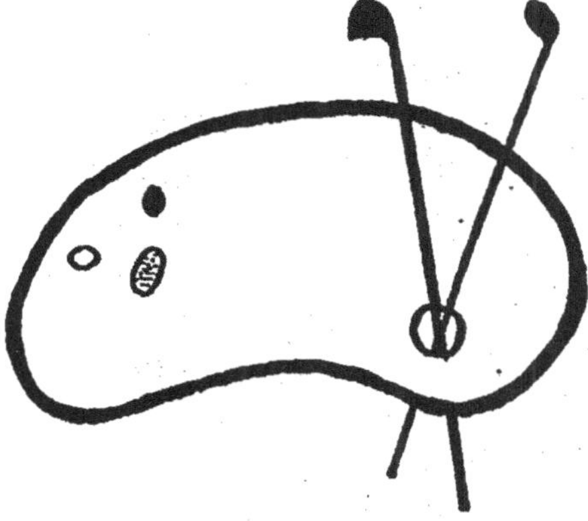

DEBUT D'UNE SERIE DE DOCUMENTS
EN COULEUR

# LES NOMS DE LIEUX

## dans la Région Lyonnaise

### AUX ÉPOQUES CELTIQUE ET GALLO-ROMAINE

Par l'Abbé A. DEVAUX,

*Professeur à la Faculté catholique des Lettres.*

LYON
IMPRIMERIE MOUGIN-RUSAND
3, Rue Stella, 3
—
1898

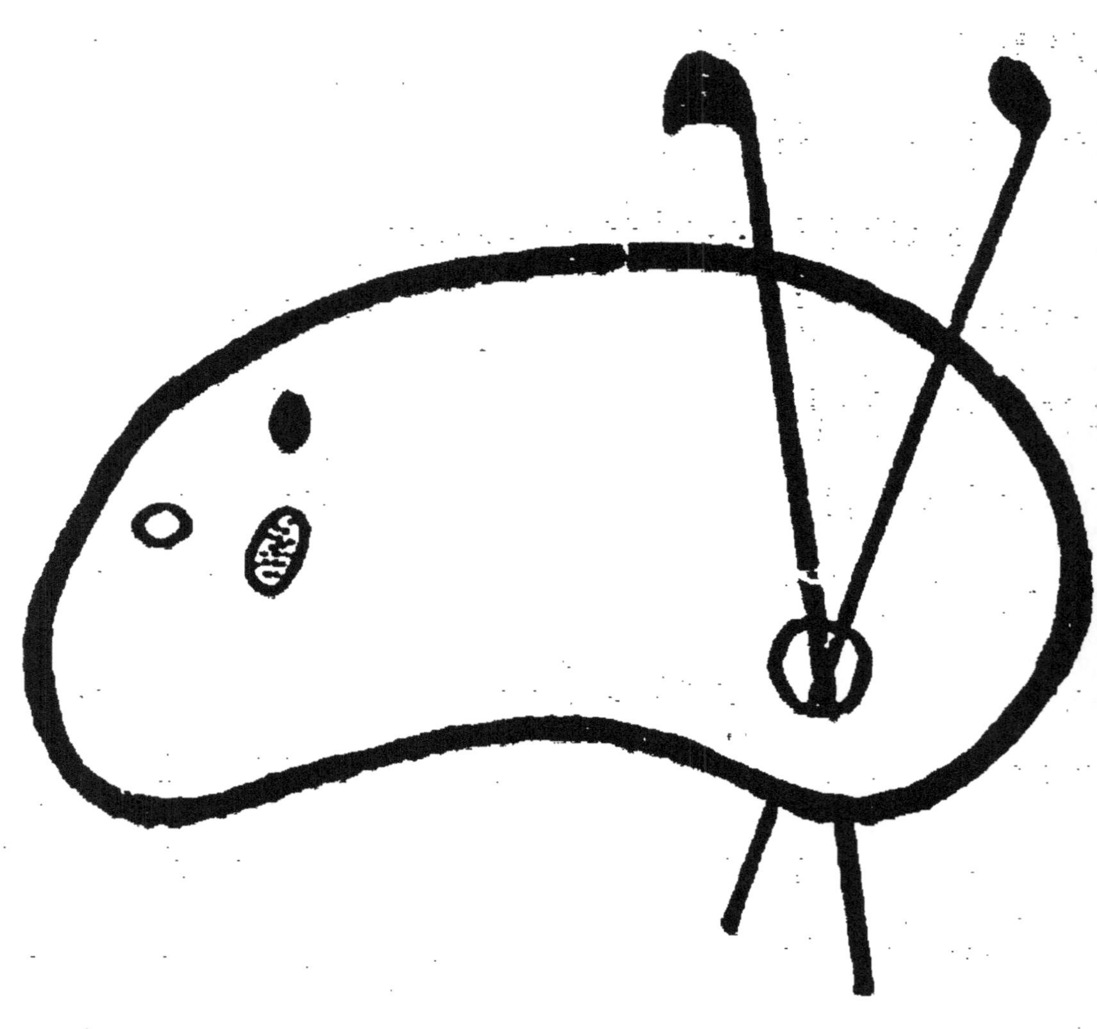

**FIN D'UNE SERIE DE DOCUMENTS EN COULEUR**

# Les NOMS de LIEUX

## DANS LA RÉGION LYONNAISE

### Aux époques Celtique et Gallo-Romaine

# LES NOMS DE LIEUX

## dans la Région Lyonnaise

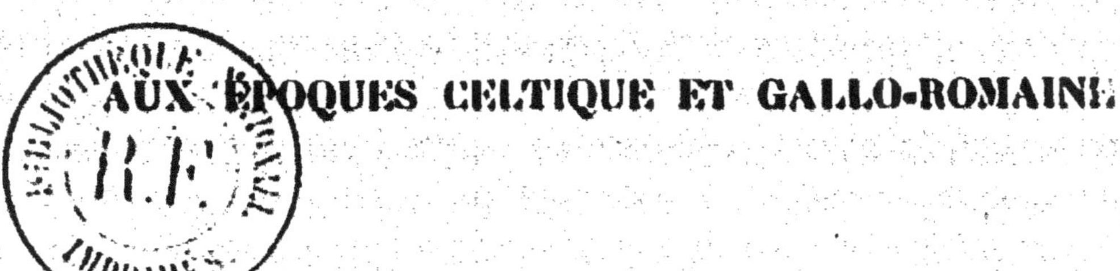



### Par l'Abbé A. DEVAUX,

*Professeur à la Faculté catholique des Lettres.*

LYON

IMPRIMERIE MOUGIN-RUSAND

3, Rue Stella, 3

—

1898

# LES NOMS DE LIEUX

## DANS LA RÉGION. LYONNAISE

*Aux époques Celtique et Gallo-Romaine* [1]

———

Messieurs,

La Société de Géographie de Lyon ne redoute pas le contraste dans les matières de ses conférences. Je me félicite de sa large hospitalité, puisqu'elle me vaut, après une très gracieuse invitation, l'honneur de prendre, ce soir, la parole devant vous, sans être ni un voyageur, ni un géographe de profession. Vous êtes habitués à des récits de voyages, à des conférences sur notre domaine colonial, à des rapports sur le mouvement géographique de l'année ou sur les progrès à l'étranger de l'influence catholique et française : tous sujets, où l'intérêt de l'actualité, intérêt souvent de premier ordre, soutient si heureusement la parole du conférencier. Missionnaires, explorateurs, maîtres en l'enseignement de la Géographie viennent tour à tour vous dire comment on découvre, comment on civilise, comment on exploite un pays. Ce soir, ce sera une exception.

Le seul voyage que j'aie à vous raconter, c'est un voyage accompli au pays... des Cartulaires lyonnais : pays évidemment très respectable et non moins évidemment

---

(1) Conférence du 31 mars 1898, à la Société de Géographie.

très respecté. Ce n'est pas par caravanes qu'on le parcourt, faute, sans doute, de l'espoir d'y découvrir des terres nouvelles, ou même d'y rencontrer quelque oasis. Assez rares sont les voyageurs qui s'y aventurent, et l'intérêt qui les y attire ne ressemble guère à celui qui fascine les explorateurs des terres lointaines. Sans doute, de part et d'autre, il y a, comme mobile, une curiosité à satisfaire ; mais tandis qu'aux pays nouveaux cette curiosité est surtout orientée vers l'avenir, sur notre vieille terre ligure, celtique, gallo-romaine, burgonde ou féodale, elle est toute tournée vers le passé. L'énigme qu'elle cherche à pénétrer est celle d'hier, non celle de demain. Le plaisir qui accompagne la découverte, quand découverte il y a, est d'essence tout intellectuelle et spéculative, aussi pure que possible de toute arrière-pensée intéressée. Si je n'avais pas devant moi un auditoire d'une aussi courtoise bienveillance, je dirais que ce plaisir n'a pas souvent la chance de se faire partager.

L'exploration, dont je vais vous présenter les trop modestes résultats, était d'ordre à la fois philologique et géographique, ou pour parler plus exactement, une étude de philologie appliquée à la géographie de la région lyonnaise. Le terrain choisi peut paraître vaguement délimité. Je prends ici le terme de région lyonnaise dans son acception la plus ancienne, c'est-à-dire au sens de la *civitas* gallo-romaine, du grand *pagus* franco-burgonde, de l'ancien diocèse de Lyon : vaste pays qui n'a guère changé de limites, du moins au point de vue de l'administration religieuse, depuis l'Empire romain jusqu'aux approches de la Révolution française, et qui comprenait : sur la rive droite de la Saône et du Rhône, le territoire des Ségusiaves ; entre la Saône et le Rhône, celui des Ambarres, et sur la rive gauche du Rhône, une enclave dans le territoire allobroge. Cette région correspond aujourd'hui, d'un côté, aux départements du Rhône et de la Loire, de l'autre, à la moitié ouest du département de l'Ain et, dans l'Isère, à quelques cantons des arron-

dissements de Vienne et de la Tour-du-Pin. La langue a
été longtemps la même dans toute cette contrée ; ce n'est
guère qu'à l'époque féodale qu'on voit apparaitre, dans
le gallo-roman du Lyonnais, les premiers germes de
différences dialectales qui, développés de siècle en
siècle, ont fini par constituer tant de patois différents.
Pour la période ancienne, c'est-à-dire approximativement
jusqu'au XI<sup>e</sup> ou XII<sup>e</sup> siècle, on peut donc considérer tous
les noms de lieux de la région lyonnaise, du moins sous
la forme bas-latine ou vulgaire que leur donnent les
documents, comme appartenant à la même langue et les
réunir dans la même étude. Toutefois, forcé de me
restreindre, sous peine de rester dans les vagues généra-
lités, je m'attacherai de préférence aux noms de lieux
des départements du Rhône et de la Loire, en ne demandant à ceux de l'Ain et de l'Isère, que des termes de
comparaison.

A quels caractères peut-on reconnaitre, parmi ces
noms, ceux qui sont antérieurs à la conquête romaine,
et ceux qui ont été formés à l'époque gallo-romaine ? Dans
quelle mesure est-il possible d'en déterminer la significa-
tion primitive ? Age et étymologie de nos plus anciens
noms de lieux, tel est donc l'objet de cette étude som-
maire.


## I. — LA MÉTHODE


Il est clair que je vous dois, au préalable, quelques
explications sur la méthode à suivre dans cet ordre de
recherches ; c'est d'autant plus à propos que la science
étymologique, de création relativement récente, n'a pas
fait disparaitre partout encore le sourire à demi scep-
tique qui saluait si généralement, il y a quelque trente
ans à peine, la seule annonce d'une étymologie géogra-
-phique. C'est que depuis longtemps on fait de l'étymologie, et depuis longtemps aussi, on en fait sans méthode.

Sans remonter aux Romains et aux Grecs, constatons que les scribes du moyen âge avaient déjà la prétention d'expliquer les noms de lieux. Quand par exemple, ils traduisaient le *Cambodubrum* de l'Ain, aujourd'hui Champdor, par *Campus ludibrii* (1), le champ de la dérision ou le *Tresanne* de l'Isère, par *Tres asini* (2), les trois ânes, ils se livraient à un véritable exercice étymologique, tout en n'aboutissant qu'à de grossiers calembours. Le jeu n'était pas toujours innocent : il a produit parfois d'étranges déformations sous lesquelles il est bien impossible de deviner la forme primitive des noms. Pourrions-nous supposer que *Saint-Igny* (canton de Monsols) représente un nom gallo-romain *Santiniacus*, si nous ne rencontrions pas ce dernier dans le Cartulaire de Cluny (3) ? Quand le mot arriva à la forme normale de *Santigni*, les scribes y virent un nom de saint, coupèrent le mot en deux, et leur bévue se fixa dans la langue. Le phénomène du moins n'est pas fréquent en Lyonnais (4) ;

---

(1) M.-C. GUIGUE, *Topographie historique du département de l'Ain*, s. v. Champdor.

(2) U. CHEVALIER, *Inventaire des archives des dauphins* (1346), n° 821.

(3) BRUEL, *Cart. de Cluny*, I, p. 115 (a. 913). — Ce nom est écrit encore *Santigniacus* dans un pouillé de 1500 environ (BERNARD, *Cartulaire de Savigny et d'Ainay*, II, p. 1016 note).

(4) Le phénomène s'est certainement produit pour les deux noms de *Sain-Bel* (Rhône) et de *Saint-Polgues* (Loire). Le premier se rencontre sous les formes de *Sambael* (*Cart. de Sav.*, I, ch. 914, a. 1162), *Sambeelli* (*ib.*, ch. 805, XI⁵ s.), *Sainbeel* (*ib.*, ch. 730, XI⁵ s.), *Senbel* (*ib.*, ch. 858, a. 1286) et *Sanctus Bellus* (*ib.*, II, p. 961, 988, XVI⁵ s.). Les formes *Sambael*, *Sainbeel*, à la date où elles apparaissent, supposent la chute d'une dentale intervocalique et font songer à un primitif *Sambatellum* ou *Sembatellum* (du gaulois *Sembedos*, supposé par *Sembelo*). A l'appui de *Sambatellum*, on pourrait citer le nom de personne *Sambadinus*, de la même région (BERNARD, *Cart. de Sav.*, I. ch. 2, 40, 100), continué vraisemblablement dans le nom de famille *Sambin*, et dont le sens primitif doit être « né un samedi », comme *Dominicus* a dû signifier d'abord « né un dimanche », comme *Calendinus* a été, à l'époque gallo-romaine, un surnom désignant l'enfant « né le jour des calendes ». Si l'hypothèse n'est pas trop téméraire, *Sambatellus* en serait le synonyme et dès lors Sain-Bel aurait signifié à l'origine : *fundus Sambatellus*, la propriété de *Sambatellus* (cf. *Flavianellus fundus*, Holder, s. v. *ello*). Il aurait aussi son continuateur dans le nom de famille *Sambel*. Mais, pour plusieurs

d'ordinaire, la prononciation du peuple a protégé les formes normales contre les maladresses des scribes. Mais le peuple, lui aussi, semble avoir eu, de temps à autre, la manie étymologique, et vous devinez ce qui s'en est suivi. Ainsi, *Camboscus*, dans la Loire, une fois parvenu à l'étape de *Chambo*, on a vu du « bœuf » dans ce mot, et on s'est mis à l'écrire *Chambœuf*; phénomène analogue dans le nom de Saint-Pierre-de-*Bœuf* (canton de Pélussin), anciennement *Bocium* (1). La langue administrative n'est pas innocente de cette sorte de méfaits, si même, dans les cas précédents, elle n'est pas la vraie coupable. Qui donc, à entendre prononcer le nom de *Bourg-Argental*, ne songerait pas immédiatement à *argentalis* et, par conséquent, à une étymologie où *l'argent* jouerait un rôle? Pourtant, le nom est écrit *Argentao* dès l'époque mérovingienne, ce qui nous reporte au nom gaulois *Argentavus*, qui est aussi la forme constante aux XI° et XII° siècles (2), parallèlement au gallo-roman *Argentau*, son successeur régulier; d'ailleurs, la prononciation du patois actuel correspond parfaitement à cette étymologie. *Argental* doit donc être mis au compte de la langue administrative, compte visiblement assez riche. N'est-ce pas elle qui a si singulièrement affublé d'un *œ* tant de noms en *ieu* dans notre région, et d'un *l* les noms de l'Ain en *ia* ? (3) Ne vient-elle pas de changer dans l'Isère, le nom de Saint-André-le-*Gua* (c'est-dire le *gué* de la

---

raisons, l'hypothèse du celtique *Sembeletellum* semble préférable. — Quant à Saint-Polgues, toutes les étymologies qui en ont été proposées, par exemple celle de Bernard qui en fait la corruption de *Sanctum sepulcrum* (ib., II, p. 1657), ou celle, plus plaisante, de La Mure qui y voit *sanum et pulcrum* (!), tombent devant ce fait que, parallèlement à *Saint-Polgo* et à *Saint-Porgo*, on rencontre *Sapolgo* (G. GUIGUE, *Cart. des fiefs de l'Église de Lyon*, p. 85, n. 1361 et ailleurs), forme probablement plus ancienne.

(1) U. CHEVALIER, *Cart. de Saint-André-le-Bas*, *Bocius*, ch. 179, n. 1001.

(2) DE CHARPIN-FEUGEROLLES et M.-C. GUIGUE, *Cart. de Saint-Sauveur-en-Rue*, pass.

(3) Ce n'est guère qu'au XVIII° siècle que cette anomalie se généralise.

Bourbre) en Saint-André-le-*Gaz* (1) ? C'est du travail pour les étymologistes de l'avenir, qui auront à se demander si ce gaz provenait du marais voisin ou d'une usine.

Mais enfin, on peut dire, à la décharge des scribes du moyen âge, du peuple et même de l'Administration, qu'ils n'ont fait de l'étymologie qu'à l'occasion et sans doute à leur insu, comme M. Jourdain faisait de la prose. Voici venir les étymologistes de profession, et vous allez voir s'ils réussiront à s'affranchir de la méthode purement conjecturale. On peut distinguer, depuis la Renaissance jusqu'au milieu de notre siècle, deux périodes au point de vue des recherches étymologiques, et que j'appellerai la période de Ménage et la période de Bullet (2).

Ménage, le Vadius de Molière, avait une connaissance profonde des langues anciennes, — j'entends le latin et le grec. — Chacun sait l'usage qu'il en fit en matière d'étymologie. Il n'hésitoit pas, par exemple, à dériver *haricot* de *faba*. C'était plus qu'il n'en fallait pour justifier l'épigramme qui a sauvé de l'oubli le nom de d'Aceilly. Le pis est qu'il eut des imitateurs, et qui le dépassèrent. On n'imagine pas à quelles débauches étymologiques se livrèrent les érudits de second ou de troisième ordre, demandant, non seulement au grec, mais encore au phénicien, le sens des noms de lieux que le latin ne pouvait expliquer. Le P. Menestrier, à qui l'histoire de Lyon doit de si grands services, ne put

---

(1) Si l'on rencontre dans les documents anciens la forme *Guaz* ou *Gaz*, il faut l'expliquer comme le cas sujet dérivé de *radus*. Il est bien clair que ceux qui ont substitué *Gaz* à *Gua* dans le nom de la localité dauphinoise, n'ont pas obéi à ce scrupule d'archaïsme, lequel, d'ailleurs, eût bien été déplacé ici, puisque dans *Saint-André-le-Gua*, le second terme est au cas régime.

(2 Il serait inique, évidemment, de rendre ces deux écoles responsables de tous les méfaits étymologiques des derniers siècles. On a fait de pitoyables étymologies, à l'aide du latin et du grec, avant Ménage, et à l'aide du celtique, avant Bullet. Mais ce sont ces deux noms qui personnifient le mieux les deux tendances.

échapper complètement à l'influence de cette école aventureuse. Sans doute, il faut lui savoir gré d'avoir protesté contre « les rêveries des grammairiens et des historiens » en matière d'étymologie, notamment contre les explications phéniciennes de Bochart, surtout d'avoir proclamé que « les étymologies doivent être autorisées par des témoignages irrécusables provenant des plus anciens auteurs ou justifiées par des monuments publics aussi anciens (1) ». C'était parler en sage, en un temps où les étymologistes ne l'étaient guère. Mais le P. Menestrier lui-même dérive encore le nom du *Forez*, non seulement de *Forum* (Feurs) (2), mais encore de *Forum* et de *Furan*, qui n'ont rien de commun entre eux ; il fait venir *Trion* de *triumvir*, *Chazay* de *Cassius*, *Tramoyes* (Ain) de *straminibus*, parce que, entre autres motifs, les maisons y sont couvertes de paille, etc. C'est l'époque où l'on explique le *lug* de *Lugdunum*, par *Lucius*, prénom de son fondateur, ou par *luctus*, à cause du deuil qui dut accompagner l'incendie de la colonie sous Néron, ou bien encore par *lux*, parce que, sans doute, bâti sur les hauteurs de Fourvière, Lugdunum échappe mieux que la plaine aux brouillards. Lyon n'avait pas le privilège de ces fantaisies. En Dauphiné, nous n'avons pas été mieux avisés. Quoique l'acte de naissance du nom de *Grenoble* se trouve authentiquement dans *Gratianopolis*, la ville de Gratien, on s'obstina à traiter ce nom comme une énigme. Les uns y voyaient la *Graiorum polis*, la ville fondée par les Grecs ; les autres la *Grannopolis*, la ville protégée par Grannos, un Apollon gaulois ; d'autres, enfin, moins modestes, l'expliquaient par *Gratiarum polis*, la ville des Grâces, d'où les trois roses de ses armoiries.

Vers le milieu du xviii<sup>e</sup> siècle, exactement de 1754 à

---

(1) *Hist. munic. de Lyon*, p. 11 et 12.

(2) Plus exactement, *Forez* (anciennement *Foreis*) est le continuateur de *Forensis*, adjectif dérivé de *Forum*.

1770, parurent, en trois volumes in-folio, les *Mémoires* de Bullet sur la langue celtique, avec un dictionnaire des termes qui la composent. L'infatigable savant y dépensait une érudition énorme à reconstituer l'ancien celtique à l'aide du bas-breton, mais, — est-il besoin de le dire ? — sans principes et sans méthode. L'œuvre, où l'hypothèse et la chimère tenaient une si large place, fournit un véritable arsenal à la celtomanie. On ne se borna pas à tenter l'explication des noms de lieux par le celtique, ce qui, ainsi que nous le dirons bientôt, est souvent légitime ; on alla jusqu'à dériver la langue française du gaulois : tentative qui prouve, comme on l'a remarqué depuis longtemps, que les celtomanes ne connaissaient ni le celtique, ni le latin, ni les langues néo-latines. Pour ne parler que de l'application qui a été faite du celtique à l'interprétation des noms de lieux en Lyonnais, disons sommairement qu'elle n'a été ni plus téméraire ni plus sage qu'ailleurs. Quand on se trouvait en face d'un nom d'apparence plus ou moins bizarre, on cherchait parmi les termes soi-disant celtiques, en circulation dans les livres depuis Bullet, celui qui, pour la forme et le sens, semblait le mieux cadrer avec le nom à expliquer. On aboutissait souvent de la sorte à une double méprise : tel nom, parfaitement explicable par le latin, était attribué au celtique ; tel autre, certainement celtique, était rattaché à un radical d'existence problématique. Combien de mots, donnés par nos étymologistes comme celtiques, ne se trouveront pas de longtemps dans un dictionnaire vraiment critique de la langue gauloise ! Si aux bévues de l'école de Ménage on ajoute celles de l'école de Bullet ou des celtomanes, on comprend qu'il y ait bien des rectifications à faire parmi tant d'étymologies longtemps admises comme certaines ou plausibles. Je ne parle pas de ceux qui, plus téméraires encore, ont prétendu trouver dans notre contrée des noms d'origine arabe.

On peut sourire aujourd'hui de telle ou telle étymologie surannée; mais, aux étymologistes eux-mêmes, on ne doit pas refuser ce qu'on appelle au Palais le bénéfice des circonstances atténuantes. S'ils se sont trompés, c'était, d'ordinaire, plus la faute du temps que la leur. Nous ne pouvons les blâmer, — au contraire, — d'avoir cédé à l'impérieux instinct de la curiosité intellectuelle, à ce besoin de comprendre qui torture parfois l'intelligence, surtout devant ces noms familiers qui semblent garder le mystère de nos origines ethniques. Ce qu'ils ont fait, c'est à peu près ce que fait le voyageur dans un pays inexploré, quand il n'y trouve ni route tracée ni guide : ils s'avancèrent à tâtons. Aujourd'hui, nous n'aurions plus la même excuse. Le terrain de l'étymologie géographique est savamment exploré, de larges routes y ont été pratiquées et les guides expérimentés ne manquent plus. Pour parler sans figure, la méthode, une méthode vraiment scientifique est enfin créée. Elle repose sur quelques principes peu nombreux et très clairs, d'une clarté d'axiome.

Premier principe : Dans l'explication d'un mot quelconque, par conséquent aussi d'un nom de lieu, il faut tenir compte, non seulement de sa forme actuelle, mais de toutes les formes attestées par les documents, pour essayer d'atteindre la forme première dont toutes dérivent graduellement, et remonter de la plus ancienne à la plus récente.

Deuxième principe : Comme tous les noms de lieux, antérieurs au moyen âge, qu'ils viennent du celtique ou du germanique, sont entrés dans le moule latin pour suivre l'évolution qui amena le latin aux langues néolatines, c'est par les règles du dialecte auquel appartient le nom étudié qu'il faut expliquer ses transformations phonétiques.

Troisième principe : En ce qui concerne les noms d'origine celtique, on n'a le droit de préciser leur base celtique qu'autant que cette base est authentiquement connue comme celtique.

Le simple énoncé de ces règles, aujourd'hui élémentaires, prouve qu'elles ne pouvaient s'établir ou être pratiquées : 1° avant la publication critique des recueils de chartes ; 2° avant l'étude scientifique, d'une part, des langues romanes, d'autre part, des langues celtiques.

Sous la puissante impulsion partie de l'Ecole des Chartes, les savants de province ont rivalisé de zèle avec les maîtres de la capitale pour nous fournir des Cartulaires édités suivant toutes les lois de la critique paléographique. Vous savez qu'à cet égard notre région est des mieux partagées, grâce surtout aux publications de MM. Auguste Bernard, Guigue, de Charpin-Feugerolles, le chanoine U. Chevalier et Bruel (pour le Cartulaire de Cluny qui intéresse tant le Lyonnais), sans parler de nos savants épigraphistes, MM. de Boissieu, Allmer et Dissard, dont les travaux, quoique d'ordre différent, sont si utiles aux études dont nous nous occupons. Si nous n'avons pas la bonne fortune de posséder, comme d'autres départements, notre *Dictionnaire topographique* (1), du moins les instruments de travail les plus essentiels ne nous manquent pas pour les recherches étymologiques relatives aux noms de lieux.

Pareillement la méthode linguistique ne fait plus défaut. La science des langues romanes est si solidement constituée qu'on ne peut plus lui apporter que des modifications de détail, incapables d'atteindre ses lois essentielles. Quant aux lois, en particulier, du dialecte lyonnais, elles sont assez connues grâce aux travaux de Clair Tisseur et de M. Philipon. Ce qui est moins connu, ce sont les progrès du celticisme scientifique. Il lui a fallu du temps pour s'imposer à l'attention publique. C'est que, en outre des formidables difficultés inhérentes à la matière celtique, il avait à triompher du prodigieux discrédit

---

(1) Nous avons bien celui du département de l'Ain, par M.-C. Guigue, qui a relevé soigneusement toutes les formes anciennes des noms de lieux ; malheureusement il a négligé de les dater, ce qui oblige encore à recourir directement aux sources.

qu'un siècle d'aberrations celtomanes avait attaché a.
nom de celtisant. Il y a cinquante ans que paraissait l
*Grammatica celtica* de Zeuss, vrai point de départ de la
renaissance celtique. Depuis lors, en France, en Allema-
gne, en Angleterre, en Italie et ailleurs, on s'est mis avec
ardeur à déblayer le terrain celtique et à le fouiller dans
tous les sens. Les fouilles sont loin d'être terminées,
puisque le terrain s'élargit d'un jour à l'autre par les
découvertes de la numismatique et de l'épigraphie, telles
par exemple, que la récente découverte de Coligny.
Cependant les matériaux amassés, classés et contrôlés,
sont assez considérables pour que M. Holder ait pu entre-
prendre, en 1891, la publication du *Trésor de l'ancien celtique (Alt-celtischer Sprachschatz)*, vaste dictionnaire comprenant tous les mots celtiques ou qui renferment un
élément celtique, avec référence, pour chaque mot, à
tous les documents ou textes d'où il provient. Malheureusement pour cette conférence, il n'en est encore qu'au
dixième fascicule, soit au mot *Mediolanon*.

Recueils de textes lyonnais et méthode linguistique,
c'est beaucoup déjà pour l'étude de nos noms de lieux.
Nous avons plus encore : des modèles. Si le livre de
Quicherat sur la *Formation française des anciens noms de
lieu* ne se trouve pas toujours, après trente ans, au cou-
rant de la science, les travaux de ses élèves, MM. d'Arbois de Jubainville et Longnon, peuvent et doivent servir de guides dans l'application de la philologie à la géographie. C'est, d'un côté, le grand ouvrage de M. d'Arbois
de Jubainville, *Recherches sur l'origine de la propriété foncière et les noms de lieux habités en France* (1890), de l'autre, le dictionnaire de M. Holder, qui ont inspiré et dirigé
le travail que j'ai l'honneur de vous présenter (1), sous
la réserve, bien entendu, de contrôler, à l'occasion l'auto-
rité de ces maîtres de la philologie celtique par celle des
maîtres de la philologie romane.

---

(1) J'ai tiré profit aussi du substantiel chapitre de M. Giry sur les *noms de
lieux*, dans son *Traité de diplomatique* (Paris, 1894, p. 377).

— 12 —

## II. — PÉRIODE CELTIQUE

Quand César arriva dans la Gaule, il y trouva une nomenclature toponymique comprenant deux catégories de noms : les noms désignant les accidents géographiques, cours d'eau ou montagnes, et les noms de lieux habités.

On conçoit que les premiers échappent mieux que les seconds au changement ; ils participent en quelque sorte à l'immutabilité des choses qu'ils désignent. Le peuple qui arrive n'a d ordinaire aucun intérêt à les changer ; il les reçoit et les transmet aux peuples qui lui succèdent, en ne leur imprimant pas d'autre modification que celle de la phonétique de sa langue. On peut donc dire qu'en général les noms actuels de nos cours d'eau, abstraction faite de leurs métamorphoses phonétiques, sont les noms mêmes qu'ils portaient à l'âge celtique (1). Il y a plus : comme les Gaulois, à leur arrivée dans nos pays vers le vi⁰ siècle avant notre ère, eurent à refouler les Ligures, on peut présumer qu'ils gardèrent en général les dénominations géographiques laissées par leurs devanciers. C'est l idée, assez plausible, de M. d'Arbois de Jubainville.

Ligures ou celtiques sont donc les noms du Rhône (*Rhodanus*), de la Saône (*Sauconna*), de la Loire (*Liger*), et de leurs affluents ou sous-affluents : l'Ain (*Idanus*, au moyen âge *Hinnis*, *Ennis*, *Ens*, etc.) ; le Chéruy ou la Bourbre (*Carusius*, au moyen âge *Charois*, *Charuis*,

---

(1) On pourrait concevoir quelques doutes à l'égard du nom actuel de la Saône, puisqu'il n'apparaît qu'au iv⁰ siècle chez Ammien Marcellin (XV, 11), sous la forme *Sauconna*, devenu *Saugonna*, *Sagonna*, *Saonna* et enfin *Saône*. Mais le nom est si évidemment « anté- romain ». comme celui du *Sagonin* du Cher, qu'on peut présumer qu'au temps de César, la rivière portait les deux noms d'*Arar* et de *Sauconna*, suivant les pays. A en croire le pseudo-Plutarque (*De fluviis*, 6), elle se serait même appelée primitivement *Brigoulos* et n'aurait dû son second nom qu'à un jeune celte, Arar, noyé dans ses eaux. Mais ici nous sommes évidemment dans le domaine de la légende,

— * *Bulbara, Bulburus, Bulbrum*, etc.); l'Ozon *(Also)* (1); la Chalaronne *(Calarona)*; l'Azergues *(Aselga)*; la Brévenne *(Bebronna)*; le Lignon *(Linio)*; la Coise *(Cosia)*; le Gier (* *Garus)* (2), etc. Il serait très téméraire, on le conçoit d'attacher un sens précis à ces vocables antiques; on ne le peut que pour un très petit nombre, par exemple, pour

(1) « Ad *Alsono* » (*Cart. de Cluny*, I, p. 29, a. 881), *Alsone* (*ib.*, p. 178, a. 913), au m. âge *Auzon* (*Les Mazures de l'Isle-Barb*, éd. Guigue, I, p. 125, a. 1185), *Ouzon* (*ib.*, p. 617, a. 1300). — Ce nom, assez fréquent en France, se retrouve quatre fois dans la Loire : 1° *Alzon* (G. Guigue, *Cart. des Fiefs de l'Église de Lyon*, p. 350 et suiv., Doc. français de l'a. 1311), auj. l'Onzon (Carte de la France du Ministère de l'Intérieur), prononcé l'*Onzyon*, affluent du Furens; 2° l'Auzon, affluent du Lignon; 3° l'Ozon, ruisseau affluent de la Mare; 4° l'Onzon, affluent de l'Aix. — Le z prouve que la forme primitive avait une voyelle entre l et s comme l'*Aliso* (Alme), affluent de la Lippe et l'*Alisontia* (Elz) du Luxembourg; le nom est apparenté peut-être au nom d'*Alesia-Alisia*.

(2) Je n'hésite pas à restituer ainsi le nom primitif du Gier, qui n'a pas été relevé par M. Holder.

M. le chanoine Condamin (*Histoire de Saint-Chamond*, p. 5), signale la forme *Jaris*, qui désigne certainement le Gier dans la légende de saint Ferréol. Mais cette forme, qui est aussi dans saint Adon (*Martyrol.* XIV kal. oct.), peut être considérée, à cause des variantes des mss. de la légende *Jarem*, *Zarem*, *Jairum*, etc., comme influencée, sous la plume d'un Viennois, par le nom de la Gère, *Jaim*, *Jayra* (U. Chevalier, *Cart. de Saint-André-le-Bas*). D'ailleurs, à l'époque de saint Adon (+ 875), *Jaris* pouvait à la rigueur être une forme vulgaire de *Garus*, puisque des documents bas-latins de notre région montrent la graphie *Ja* pour *Ga* dès le commencement du x° siècle. Quoi qu'il en soit, le dérivé *Garensis*, antérieur à *Jarensis*, d'un document de 868 (M.-C. Guigue, *Cart. lyonnais*, I, ch. 3) et le nom du Garon, voisin d'embouchure du Gier et vraisemblablement son diminutif, postulent *Garus*, devenu *Gier* comme *carus-chier*, d'où *Gerius*, dans le latin médiéval. À remarquer qu'il renferme précisément le radical de *Garumna*, qui signifie, d'après les celtistes, « la bruyante ».

Il faut ajouter à la liste précédente les noms de rivières terminés aujourd'hui en *an* ou *in*, tels que le *Conan*, affluent de la Brévenne, et le *Sornin*, affluent de la Loire. M. A. Thomas a démontré qu'en dépit de la différence du genre, ils représentent le cas régime de la déclinaison féminine d'origine germanique qui a donné, en français, *Berte-Bertain*, etc. Ainsi le *Conan* est le cas régime de l'ancien *Colna*, le *Furens* (Loire), le cas régime de *Furа* cf. la *Fure*, dans l'Isère, le *Tramboucan*, le cas régime du nom qui a donné *Trambouze*, etc. J'ajouterai à la liste de M. A. Thomas : le *Mezerin* (ruis. affl. du Gier), le *Morin* et le *Morinand* (ruis. affl. du Rhône), le *Marcenand* (affl. de la Saône), et le *Thoranchin* (affl. de la Turdine), dont la *Thoranche* (affl. de la Loire) représente le cas sujet.

*Bebronna*, dérivé de *Bebros*, nom gaulois du castor, ce qui signifie « la rivière des castors ».

Pour les noms de montagnes, je ne signalerai que le mont Verdun (*Mons Verdunus*), d'un caractère si nettement celtique, et le Mont-d'Or, à cause des discussions dont ce nom a été l'objet. On a voulu souvent voir dans le second terme *d'Or* l'altération de *dor*, lequel représenterait le *durum* gaulois, forteresse. Le malheur est qu'aucun document, à ma connaissance du moins, ne favorise cette explication. Le Cartulaire d'Ainay ne fournit que les formes *Mons Aureus*, *Aureacensis*, *Auriacensis*, *Aureorensis*, et celui de Cluny *Montcoriocensis* (I. p. 770, a. 951-2). Assurément il est fort possible qu'à cette date *dor*, successeur de *doro (durum)*, ait été, par une méprise étymologique, traduit par *aureus*, puisque *au* depuis longtemps s'était réduit à *o*; mais tant qu'on n'aura pas signalé une forme renfermant un *d*, comme *mons dorus* ou *dorius*, ce ne sera qu'une hypothèse, sans autre fondement que la persistance ordinaire des noms géographiques.

Les lieux habités en Gaule à l'arrivée de César, étaient de trois sortes : l'*oppidum* ou *urbs*, entouré de murs, avec une population sédentaire, et capable, au surplus, en temps d'alerte, de servir de refuge aux populations voisines ; le *vicus*, simple village analogue à nos communes, et sans murailles ; enfin, les *ædificia*, petits groupes éparpillés dans la campagne, comprenant la maison de maître et les bâtiments d'exploitation agricole : c'est l'antécédent de la *villa* gallo-romaine (1). Les *oppida* et les *vici* avaient des noms ; on peut présumer que les *ædificia* en avaient aussi, celui du propriétaire tout au moins, que la propriété, chez les Gaulois indépendants, fût personnelle ou simplement précaire.

A la période antérieure à la conquête appartiennent les noms en *oscus*, s'il est vrai, comme l'admettent en géné-

---

(1) Cf. D'ARBOIS DE JUBAINVILLE, *op. c.*, p. 78 sq.

ral les celtistes à la suite de M. d'Arbois de Jubainville, que ce suffixe, forme secondaire de *oscus*, soit d'origine ligure. Je relève dans notre région, *Camboscus*, nom primitif de trois communes : Chambost, dans le canton de Saint-Laurent-de-Chamousset et dans le canton de La Mure (Rhône), et *Chambœuf* (Loire, cant. de Saint-Galmier), tous représentés au moyen âge par *Chambosc*, et qui signifie : propriété ou exploitation du gaulois *Cambos* (= le courbe). De même Jarnioux (Rhône), anciennement *Gerniost*, *Jarniost*, remonte très vraisemblablement à * *Gernioscus*, domaine du gaulois *Gernios* (1). A y joindre sans doute, Chaponost (Rhône), au moyen âge *Chaponno*, *Chaponnoz* ou *Chaponost*, qui nous reporterait à *Cappo*, *onis* : domaine du surnommé *Cappo* (le chapon) (2). Peut-être en est-il de même de Bibost (Rhône), quoique les textes du moyen âge ne fournissent que *Bisbocus* ou *Bisboc*. En tout cas, Chavanoz (Isère) est sûrement de cette catégorie, avec ses formes médiévales de *Chavannosco*, *Chavanosc*, *Chavanost*, *Chavano*, dont le sens est : domaine de *Cavannos*, surnom signifiant *le hibou*. Voilà, suivant une hypothèse fort plausible, de précieux témoins de l'occupation ligure en notre région. Toutefois, comme en d'autres parties de la France, le suffixe *oscus* s'est joint à des noms latins, on ne saurait dire avec certitude si nos noms de lieux, dérivés du ligure *oscus*, ont tous été formés avant la conquête.

J'en dirai autant des noms à terminaison sûrement gauloise, comme les composés de *dunum*, *durum*, *magus*, etc. ; comme le gaulois a été parlé, au moins dans la campagne, jusqu'au Vᵉ siècle après J.-C., on conçoit que ces terminaisons ne puissent établir une ligne de démar-

---

(1) Ce nom se déduit de *Gerniaca curtis*, Gernicourt (Aisne, cf. HOLDER, s. v., — *Gerniost* figure dans un pouillé du XVᵉ siècle (BERNARD, *Cart. de Sav.* II, p. 930). *Jarnoise* (cant. de Belmont, Loire), *Gernousse*, au XVIᵉ s. (BERNARD, *ib.*, p. 1016) est un autre dérivé du même nom, ou plus exactement de * *Gernos*.

(2) On retrouve ce nom dans Chaponnay (Isère), de * *Capponacum*.

cation entre la période de l'indépendance et celle de la conquête. Le doute est surtout permis, sinon commandé, quand le premier élément de ces noms composés est un nom de personne ; dans le cas contraire, on peut, sans trop de témérité, les considérer comme antérieurs à l'époque gallo-romaine.

Ainsi en est-il de *Lugdunum*, nom certainement préexistant à l'établissement de la colonie de Plancus en 43 avant J.-C. L'étymologie de ce nom a soulevé, depuis la Renaissance, bien des discussions. On peut dire que la publication du dictionnaire de M. Holder tranche la question, dans le sens de M. d'Arbois de Jubainville qui l'explique par la « forteresse du dieu Lugus » (un nom du Mercure gaulois, dieu des arts et du commerce). Il est absolument certain, aux points de vue historique et phonétique, qu'il faut partir de *Lugudunum* ; la question est de savoir ce que signifie *Lugu*. Les uns y voient le nom du corbeau, λοῦγος, lequel n'est attesté que par le pseudo-Plutarque, tandis qu'il y a les meilleures raisons de croire que le nom gaulois du corbeau était *branos* ; les autres, ainsi que je viens de le dire, y reconnaissent le dieu Lugus, dont le nom se retrouve dans quelques inscriptions et dans un certain nombre de noms composés. Et puis, si l'on songe qu'une quinzaine de villes au moins, dans le monde celtique, portaient le nom de Lugdunum, peut-on bien supposer qu'il y ait eu, à la fondation de toutes, un heureux augure tiré du vol des corbeaux pour leur donner le nom de cet oiseau ? Que si la médaille de fondation de la colonie romaine de Lyon porte le symbole du corbeau, on peut admettre simplement, jusqu'à preuve du contraire, que le corbeau était le symbole de Lugus.

Un terme qui entre quelquefois dans la composition des noms de lieux gaulois, c'est *dubron*, eau, au pluriel *dubra*, lequel, isolé, a produit, dans l'Ain, le nom de *Douvres* (canton d'Ambérieu). Je crois le retrouver dans les noms de Champdor (Ain) et de Mardore (Rhône).

Les formes si diverses du premier : *Candolbria, Candolbrio, Candrobrum, Chandobrio, Chandouro, Chandore* (1) etc., permettent de remonter à *Cambodubrum* (2), qui signifie « eau courbe » ; le village est à une sinuosité de l'Albarine. De même pour Mardore, la forme ancienne *Mardubrius* (3), semble supposer un primitif gaulois *Marodubrum*, « grande eau » ; par le fait, il est situé sur un bras de la Trambouze.

Plus énigmatique encore est le nom d'Aiguerande (canton de Belleville), Iguerande et Egarande (Loire), Esguerande (Ain). A ne considérer que la forme actuelle de ces noms et la situation de ces localités au voisinage d'un cours d'eau, on pourrait être tenté d'y chercher un composé hybride de *aqua* avec *randa*, « bord de l'eau » (4). L'explication est inadmissible, par la raison qu'elle ne peut rendre compte de tous les noms analogues, d'origine identique, disséminés, presque au nombre de trente, sur tout le territoire français ; d'ailleurs, les formes anciennes s'opposent à cette étymologie. Les savants qui se sont occupés spécialement de cette question, MM. J. Havet, Longnon et A. Thomas (5), n'ont pas abouti à résoudre l'énigme. M. Holder enregistre le type primitif sous la forme de *Ewi* (Igui-Egui?) *randa*, ce qui montre assez son embarras. Il ne résulte de la discussion qu'une chose de vraisemblable, c'est que *randa* signifiait « limite » et que le nom d'Aiguerande, Iguerande, etc., signale la frontière d'une circonscription ancienne.

Voici des noms, simples, dérivés ou composés (mais dont les éléments composants ne sont pas aisés à déterminer) qu'on peut regarder comme celtiques. — La

---

(1) GUIGUE, *Topogr. hist. de l'Ain*, s. v.

(2) S. Grégoire de Tours mentionne une localité en France du nom de *Cambidobrum* (*Vita Patrum*, 4, 4 ; 5, 3).

(3) BERNARD, *Cart. de Sav.*, II, p. 1046, dans un pouillé du XVI⁰ s.

(4) C'est l'explication donnée par M. A. Steyert (*Nouvelle hist. de Lyon*, II, p. 345).

(5) Cf. *Annales du Midi*, t. V. (1893), p. 143 et 232.

lettre H indique ceux qui ont été relevés par M. Holder.

*Amberta* (1), Ambierle (Loire);

*Ampucius* (H.) (2), au moyen âge *Ampuleus, Ampois, Ampuis*, Ampuis (Rhône);

*Baon* (H.), Bans (Rhône);

*Bocium* (H.), Saint-Pierre-de-*Bœuf* (Loire);

*Brogilum*, « bois », au moyen âge *Brolius, Broliacus* (erreur de scribe), *Le Bruel, Le Brueil*, Le Breuil (Rhône);

*Brogilolis* (3) (abl.), « petits bois », au moyen âge *Brulloles, Bruylloles* Brullioles (Rhône);

*Cambonem* (4), « lieu cultivé », Le Chambon (Loire);

*Celosia* (H.) (5), au moyen âge *Celoisi, Celuysi, Soleize* (XVI° s.), Solaise (Isère);

*Cosone* (6), au moyen âge *Coson*, Couzon (Rhône);

* *Costobrum* (7), Couzouvre (Loire);

---

(1) *Cart. de Cluny*, II, p. 383, n. 901, et *Cart. de Sav.*, II, p. 911, etc.; la forme *Ambirliacus* (*Cart. de Sav.*, II, p. 935, XIV° s.) est évidemment une faute de scribe, mais intéressante en ce qu'elle fournit la date approximative de la substitution de *l* à *i*.

(2) « In agro Ampucietensse » (*Cart. de Cl.*, I, p. 31, a. 882. — *Ampuleus*, qu'on trouve fréquemment au m. âge, est une traduction d'*Ampuis*, influencée par *puteus*. — Je présume que le nom d'Amplepuis, au m. âge *Amplus Puteus*, représente, par suite d'une méprise analogue, un plus ancien *Amplum Podium*.

(3) M. Holder indique, comme forme celtique de ce nom, *Bruillolæ*. Mais nos textes présentent une forme plus ancienne, *Brugilolis* (*Cart. de Sav.*, ch. 187, a. 977), de même que *Brugillolis* pour Brulliole, hameau de Poncins (Loire), (*ib.*, ch. 518, v. 1000). C'est simplement le diminutif, au pluriel, de *brogilum* « bois, taillis ».

(4) M. A. Thomas regarde ce mot comme « peut-être d'origine celtique » (*Essais de philol. fr.*, p. 151. Il n'est pas rare dans les documents de la région lyonnaise comme nom commun et dans le sens de « champ cultivé », ce qui détruit l'explication, par calembour, de *campus bonus*.

(5) *Celosia* (*Cart. de Cl.*, I, p. 616, a. 940), *Celusia* (U. Chevalier, *Cart. de S. André-le-Bas*, p. 130, a. 1030-70). Dans le *Cart. de Cluny, Elosiacensi* (I, p. 614) doit être corrigé en *Celosiacensi*. On voit ce que devient l'étymologie qui rattachait Solaise à *solatium*, lequel n'aurait pu donner, comme il l'a fait du reste, que *soulas, solas*.

(6) BERNARD, *Cart. d'Ainay* (à la suite du *Cart. de Sav.*, ch. 53, v. 1000).

(7) *Costobrum* se déduit de *Costoere* (GUIGUE, *Cart. lyonn.* I, p. 200, a. 1219, et de *Cothobrum* (BERNARD, *Cart. de Sav.*; II, p. 1015, XVI° s.). La persistance du *t* prouve qu'il était appuyé.

* *Crappona* (1), Craponne (Rhône);

*Exaltrenone* (2), au moyen âge *Sauternon, Saulrenon, Soulrenon*, etc., Souternon (Loire);

*Iconium* (II.), au moyen âge *Ioing*, Oingt (Rhône);

*Losunna* (3), Lozanne (Rhône);

*Metonum*, au moyen âge *Medono, Meons*, Mions (Isère);

*Modonium*, au moyen âge *Moing, Moind*, Moingt (Loire);

*Mornantus*, Mornant (Rhône);

*Rodumna*, au moyen âge *Rodenna, Rodenn, Rodana*, Roanne (Loire);

*Taratrum* (4), au moyen âge *Taradrum, Tararum, Tararo*, Tarare (Rhône);

*Tarnantus*, au moyen âge *Tarnant, Ternant*, Ternand (Rhône) (5).

---

(1) M. Holder donne *Craponna* pour le Craponne de la Haute-Loire. Le Craponne lyonnais est représenté par *Craponica* (*Cart. d'Ainay*, ch. 190, v. 970 et *Craponna* (*Cart. lyonn.*, p. 237, a. 1231); c'est de cette forme, avec double *p* que provient Craponne. Le mot, qui n'est pas rare dans notre région (Crapou, Craponoz, etc.), semble se rattacher à l'adj. * *Krappor* (cy. craff.) qui veut dire « fort, ferme » (Cf. HOLDER, s. v. Crappaus)

(2) GUIGUE, *Obit. Lugd. Eccl.*, p. 11, *Saltrenone* (*ib.*, p. 153). *Salternone*, G. GUIGUE, *Cart. des Fiefs de l'Égl. de Lyon*, p. 60, a. 1300.

(3) BERNARD, *Cart. d'Ain.*, ch. 74, v. 1038. Il comporte peut-être la même explication que *Lousonna* (*Losuna*) qui a donné Lausanne (Cf. HOLDER, s. v.).

(4) *Taratrum*, tarière, mot du lat. populaire « auquel on attribue, à tort ou à raison, une origine celtique » (A. THOMAS, *Essais de philol. fr.*, p. 311). Le nom a-t-il été donné à la bourgade par suite d'une métaphore populaire, inspirée par sa situation? Dans ce cas, ce serait un nom quelque peu analogue à celui de Pertuis.

(5) Il n'est pas aisé de reconstituer la forme primitive du nom d'Uzore, porté par une montagne et par deux communes de la Loire (Chalain-d'Uzore et Saint-Paul-d'Uzore); du moins est-il certainement celtique ou ligure. On ne le trouve, que je sache, pas avant le milieu du X° siècle, et il désigne une villa aussi bien que la montagne, sans qu'on puisse déterminer avec certitude s'il a été originairement un nom de lieu habité. On peut l'admettre puisque dès l'an 915 c'est le nom d'une villa et qu'il n'apparait qu'en 1010 comme nom de la montagne. Quoi qu'il en soit, voici les formes qu'il revêt : *Usourus* (*Cart. de Sav.*, ch. 74, a. 915), *Isioura* (a. 970), *Yzourus* (a. 1010). J'imagine que, comme Coutouvre et Solore, il se terminait en *obrum*, peut-être * *Itiobrum*. En tout cas, il ne semble pas qu'on puisse songer au nom de la déesse Isis.

Il est clair que cette liste pourrait s'allonger encore, surtout si l'on voulait y joindre, parmi les noms disparus au cours des siècles, ceux qui remontaient certainement à la période celtique. Tels étaient entre autres les noms de *Condate*, *pagus Condalensis*, révélé par les inscriptions lyonnaises et qui désignait le territoire actuel de la Croix-Rousse, « le confluent »; de *Lunna*, station de la voie romaine entre Lugdunum et Matisco (Mâcon), et qui se trouvait à Saint-Jean-d'Ardières (C. de Belleville); de *Mediolanum*, « la terre du milieu », ville importante des Ségusiaves; de *Solobrum* (ager *Solubrensis*, *Solobrensis*, au moyen âge *Solore*, *Solodrus* — forme retraduite —) et qui a vécu jusqu'à la fin du dernier siècle, dans le nom de Saint-Laurent-en-Solore (auj. Saint-Laurent-Rochefort (Loire).

### III. — PÉRIODE GALLO-ROMAINE

Est-il vrai que les Gaulois indépendants n'aient connu, en fait de propriété immobilière, que la propriété collective et que ce soit le système d'impôts établi par Auguste qui a donné naissance chez nous à la propriété privée ? M. d'Arbois de Jubainville le croit, et tout son livre a pour but de le prouver. Quoi qu'il en soit, il est certain, à ne considérer que le nombre et la forme des noms de lieux à l'époque gallo-romaine, que la propriété privée prit alors un immense essor. On peut les diviser en deux catégories : ceux qui viennent d'un nom de chose et ceux qui viennent d'un nom de personne. Si les premiers ne nous apprennent rien sur les conditions de la propriété, les seconds, par contre, attestent évidemment l'établissement ou, du moins, la grande extension de la propriété personnelle. Ce sont des noms de villas, c'est-à-dire d'exploitations rurales, premiers noyaux de bon nombre de nos communes actuelles, et tous ces noms rappellent sans doute le premier propriétaire. Il est intéressant de voir comment se sont formés, et dans quelle proportion, les noms de ces deux catégories.

## A. Noms de lieux venant de noms de choses.

Ces noms sont originairement des noms communs, substantifs ou adjectifs pris substantivement. Voici les principaux pour notre région :

*Balneolis* (abl.), « petits bains », au moyen âge *Bagneulz, Baignolz, Bagnoux*, etc., Bagnols (Rhône) ;

*Canaba*, « hutte, boutique », dans *Vetula Canaba*, au moyen âge *Veilicheneva, Viellicheneva, Vieille-Chenève* (du XVIᵉ au XVIIIᵉ siècle), Villechenève (Rhône) ;

*Capannas*, « cabanes », Chavannes (Ain), et nombre de lieux dits dans le Rhône et la Loire ;

*Casellas*, « maisonnettes », Chazelles (Loire) ;

*Colonicas* (1), « exploitations rurales », au moyen âge *Colonges*, etc., Collonges (Rhône), et nombreux hameaux dans toute la région ;

*Fabricas*, « forges », Farges (lieux dits du Rhône, de la Loire et de l'Ain), Faverges (communes ou hameaux de l'Isère, de la Savoie et de l'Ain ;

*Forum*, « marché » au moyen âge *Fuers, Fuer*, Feurs (Loire) ;

* *Furnellos*, « petits fours », Fourneaux (Loire) ;

*Novales* (s.-e. terras) « en jachère, ou nouvellement défrichées », au moyen âge *Novals, Nualz, Noaux*, Neaux (Loire) ;

* *Pomarios*, « pommiers », au moyen âge *Pomers, Pomiers*, Pommiers (Rhône et Loire) ;

* *Sorbarios*, « sorbiers », au moyen âge *Sorbers, Sorbiers*, Sorbiers (Loire) ;

*Strata* (s.-e. via), « route pavée », au moyen âge *Lestrada, Lestra, Letra, Létra* (Rhône) et *Lestra* (Loire) ;

---

(1) *Cart. Cl.*, I. p. 770, a. 951-2 : « in pago Lugdunense, in agro Monteoriocense, in villa que dicitur Colonicas. » Dans Ausone, *colonica* a le sens de « chaumière ».

*Ulmus*, « ormeau » au moyen âge *Lormo*, Les Olmes (Rhône) ;

*Vicus*, « village », Vieu-d'Izenave (Ain).

A ces noms, qui paraissent bien dater de l'époque gallo-romaine, on pourrait joindre peut-être : Leyssard (Ain), de *exsartum*, « défriché », nom si fréquent dans les lieux dits ; Essertines (Loire), Certines (Ain), nom dérivé du précédent par le suffixe *inus*, *Exsartinas terras* « terres d'essart », au moyen âge *Exsartiniis* (*Cart. de Sav.* ch. 6, a. 919), *Exsertinis* (*ib.*, ch. 248, a. 977), *Essartines*, *Sartines*, *Essertines* ; Machezal (Loire), au moyen âge *Maschasal* (xiii° s.), *Machesal* (xvi° s.), qui semble un juxtaposé de *mansum* et de *casale* (1) ; peut-être aussi Viricelles (Loire), au moyen âge *Viricella* (xiii° s.), *Verisselle*, *l'Irisselle*, et qui semble dériver de *Veteri cella*, comme Viriville (Isère) dérive de *Veteri villa*. Mais ces noms, sauf le dernier, — si l'étymologie proposée est exacte, — pourraient fort bien ne remonter qu'à l'époque mérovingienne.

Il faut faire une place à part aux noms dérivés à l'aide de suffixes qui leur donnent un sens collectif. Ces suffixes sont : le suffixe atone *ius-ia* et les suffixes accentués *aria* et *etum*.

**Ius-ia.** C'est ce suffixe qui nous a donné les noms de La Chassagne (Rhône), *Cassania*, dérivé du gaulois *Cassanum* « chêne », et qui signifie par conséquent « chênaie » ; Haute-Rivoire (Rhône), au moyen âge *Alta Rivoria* (*Cart. de Sav.*, ch. 430, a. 1000), *Alta Rivoiri* (xiii° s.), représentant le latin *roburia*, dérivé semblablement de *robur* « chêne » (2).

**Aria.** — Le suffixe *aria* signifie parfois en latin classique le lieu où se fait, où se trouve une chose : *Argentaria*

---

(1) Un curieux juxtaposé où entre *casale*, c'est Chirassimont (Loire), au moyen âge *Chasalsymont* (xiii° et xiv° s.), *Charassimont* (xv° s.), *Chirassimont* (xvi° s.) « le chasal, ferme ou manoir de Simon » ; mais il semble, à cause du nom propre, de l'époque féodale.

(2) Cf. A. Thomas, *Essais*, etc., p. 82-83.

mine d'argent ou boutique de changeur. Joint à des noms de minéraux, de végétaux ou d'animaux, il servit sous l'Empire et plus tard encore à former des noms désignant des localités notables sous l'un ou l'autre de ces rapports. Signalons dans notre région :

*Argentaria*, « mine d'argent », au moyen âge *Argenteria* (v. 1000) L'Argentière (Rhône) ;

*Asinarias*, « lieu où se pratique l'élève des ânes », au moyen âge *Asineriæ* (XIIIe siècle), Asnières (commune de Villette-d'Anton, Isère, et plusieurs hameaux de l'Ain) ;

* *Buxarias*, « lieu où abonde le buis », au moyen âge *Buxerias*, *Buysseres*, *Buissières*, Bussières (Loire) ;

*Caprarias*, « lieux propres aux chèvres », au moyen âge *Chavreres* (XIIIe siècle), *Chivreres* (XIVe siècle), *Chevreres* (XVe siècle), *Chivrières* (XVIe siècle), Chevrières (Loire) ;

*Carbonarias*, « lieu où se fait, se débite le charbon de bois », au moyen âge *Charbonneires* (XIIIe siècle), Charbonnières (Rhône) ;

*Cervaria*, « pays des cerfs », au moyen âge *Cerveiri* (XIIIe siècle), *Servera* (XIVe siècle, fautif), Cervières (Loire) ;

*Fabarias*, « champs de fèves », au moyen âge *Faveriis* (XVIe siècle), *Faveres* (XVe siècle), Saint-Cyr-de-Favières (Loire) ;

* *Paniciarias*, « champs de panis », au moyen âge *Paniceres* (XIVe siècle), *Panicieres* (XVe siècle), *Panicires* (XVIe siècle), Panissières (Loire) ;

*Vitrarias*, « verreries », au moyen âge *Vedrerias*, *Vereires* (XIIIe siècle), *Verreres* (XIVe siècle), etc., Verrières (Loire) (1).

---

(1. Quoique le nom de *Les Chères* (Rhône) n'appartienne pas à l'époque romaine, à raison de son origine germanique, je le signale ici à cause de sa fortune. Qui songerait à y voir un dérivé, avec *aria*, du francique * *liska*, qui a donné, en français « laiche », sorte de carex ? Et pourtant rien de plus certain : le nom écrit successivement *Liscarius* (*Cart. d'Ain.*, ch. 21, a. 987-90), *Lischeria*, *Lescheria*, etc., ne se dédouble, par étymologie populaire, en Les Chères que dans les temps modernes. — M. Holder a donc tort de l'enregistrer comme un nom celtique sous la forme *Lescherias*.

Notons, avec M. d'Arbois de Jubainville (1), que jamais à l'époque ancienne, le suffixe *aria* ne se joint à un nom de personne; ce sera seulement au moyen âge qu'on lui donnera cette extension. Nous verrons naître alors des noms tels que la Pacaudière (Loire), lieu d'une famille Pacaud, et la Guillotière, — mentionnée au commencement du xv<sup>e</sup> siècle, — lieu habité par une famille Guillot.

**Etum.** — Ce suffixe, joint à des noms de végétaux, marquait le lieu où ils croissent en abondance : *quercetum*, chênaie. Phonétiquement il aboutit à *ei* dans notre région, écrit parfois, abusivement, *ay*. De là :

*Pinetum*, « lieu où abonde le pin », au moyen âge *Piney* (xiii<sup>e</sup> et xiv<sup>e</sup> siècles), Pinay (Loire) (2);

*Pometum*, « lieu planté de pommiers », au moyen âge *Pomei, Pomey, Pomeis* (xviii<sup>e</sup> siècle), Pomeys (Rhône) (3).

* *Vernetum*, « lieu où abonde l'aune », au moyen âge *Vernei*, Vernay (Rhône), et lieux dits dans toute la région.

Par analogie, de *Casa* on a fait *Casetum*, réunion de chaumières, de cabanes, au moyen âge *Chasei, Chasey*, Chazay (Rhône) et Chazey (Ain).

## B. — NOMS DE LIEUX VENANT DE NOMS DE PERSONNES.

Pour bien comprendre la théorie de cette famille de noms, il faut se rappeler quelle était, en fait de noms de personnes, la coutume gauloise, et comment la conquête romaine la modifia. A l'époque de l'indépendance, les Gaulois ne connaissaient que le nom proprement personnel, ordinairement avec un surnom, suivi ou non, du nom du père. Dès la conquête, ils s'empressent, — ceux

---

(1) *op. cit.*, p. 613.

(2) On trouve, il est vrai, *Espiney* (xiv<sup>e</sup> siècle), comme nom de cette localité, ce qui prouve une confusion avec *Spinetum*, « lieu d'épines ».

(3) L's de Pomeys, de date si récente, est dû à l'analogie, peut-être de son voisin *Meys*. M. A. Steyert a tort de l'expliquer par *Pomedius*, vers *Meys* (*Nouv. hist. de Lyon*, I, p. 149). *Pomedius* est une forme retraduite à une époque où *mei* répondait à *medium*.

au moins qui ont obtenu le titre de citoyen romain, — d'adopter les *tria nomina* de Rome : le prénom, le gentilice ou nom de famille, et le surnom affecté à l'individu ou à sa famille. On peut prendre pour type les *tria nomina* de Cicéron : *Marcus* est le prénom, ce que nous appellerions le nom de baptême, *Tullius*, son gentilice, le nom de la *gens Tullia*, et *Cicero*, son surnom. Sur ce modèle, les Gaulois romanisés prennent trois noms, empruntés, en tout ou en partie, à l'onomastique romaine. Quelquefois, ils se font même un gentilice, c'est-à-dire un nom de famille, à l'aide de leur nom gaulois ; par exemple du nom gaulois *Carantos*, « ami, allié », on tire le gentilice *Carantius*, reconnaissable dans le nom de *Carantiacus*, Charancieu (Isère) [1].

Ceci posé, on peut subdiviser en trois classes, les noms de lieux tirés de noms de personnes : les noms simples, les noms composés et les noms dérivés.

**Noms simples.** — C'est un nom de personne, gentilice ou surnom, traité comme adjectif, en sous-entendant *villa*, pour les noms féminins, et *fundus*, pour les noms masculins. On sait que ce procédé était connu du latin classique, par exemple, *flumen Rhenum*, *ludus Æmilius*, etc.

Comme exemple de nom masculin, on peut citer Marcoux (Loire), *Mercurius* dans les documents anciens, ce qui supprime tout doute. C'est donc le *fundus*, non pas consacré au dieu Mercure, mais appartenant à un nommé Mercurius, surnom latin assez fréquent [2]. De même, le nom de Serin (à Lyon), écrit *Serenus* dans le Cartulaire de Cluny (I, p. 623, a. 945), au moyen âge *Sereins* (Guigue, *Obit. Lugd. eccl.*, p. 177, a. 1150) et *Serens* (*ib.*, p. 180, a. 1209), rappelle certainement le *fundus* d'un Serenus. Je

---

(1) Je ne fais ici que résumer les idées de M. d'Arbois de Jubainville (*op. c.*, p. 129 et suiv.).

(2) D'Arbois de Jubainville, *op. c.*, p. 116.

serai plus réservé pour le nom de Meys, d'aspect assez énigmatique. Pourtant, comme il est écrit au moyen âge, *Madis*, *Madisus* et *Madisius* (1), plus tard *Mais*, *Mays*, *Meys*, on peut, sans trop de témérité, le rattacher à *Malisius*, nom gaulois cité par M. Holder, et qui dérive de * *malis*, bon. A remarquer que *Maliseo* (Mâcon) dérive de * *Maliscos*. Meys voudrait donc dire le *fundus* du gaulois Ma.isius.

Les noms féminins sont plus fréquents, par suite de la prédominance de l'appellation de *villa*. Dans Villeurbanne (Rhône), le substantif est resté soudé au surnom personnel *Urbanus*, dans les anciens textes *Villa Urbana*, *Villorbana* ; c'est la villa d'un *Urbanus*, et non une villa *urbaine*, ce qui n'aurait aucun sens. Champagne (Rhône), dans le Cartulaire d'Ainay *Campania villa* (Bernard, *Cart. de Sav.*, II, ch. 138, a. 901-928, etc.), rappelle la villa d'un Campanius, gentilice romain qui entre dans beaucoup de noms de lieux : Champagny, Champagnat, etc. Cottance (Loire), au moyen âge *Constances*, *Costances*, *Coutances*, représente *Constantias terras*, domaine des Constantius. Quel est le Lyonnais qui ne s'est pas demandé d'où venait le nom de Vaise ? Or, j'observe qu'il est écrit, à partir de 970, *Vesia*, *Veisa*, *Veisia*. Or, *Vesia*, forme la plus ancienne, est précisément le nom d'une famille romaine de notre région, très reconnaissable dans *Vesiacus* qui a donné Veyziat (Ain). Je vois donc dans Vaise une ancienne *villa Vesia*, villa des Vesius. Quant à Aveize (Rhône), *Avesias* dans le Cartulaire de

---

(1) « *Madisius* villa, in valle Bevronica » Bernard, *Cart. de Sav.*, ch. 501, v. 1000). — M. A. Steyert (*Nour. hist. de L.*, I, p. 497), pour prouver l'établissement d'une colonie sarmate dans le pays ségusiave, s'appuie sur certains noms tels que Meys, Pomeys, Cublize, auxquels il attribue une étymologie slave Meys correspondrait à *Malitza*, « petite mère », métaphore désignant la source de la Brévenne. Explication inadmissible : 1° La source de la Brévenne n'est pas à Meys, mais à Meyringes ; 2° A supposer que *malitza* ait appartenu, et sous cette forme, au slavon des IVe et Ve siècles et qu'il ait été appliqué à une localité de nos pays, il serait continué par un nom à désinence féminine, tel que : *Mausse*, *Meisse*.

Savigny (Ch. 130, a. 974), *Aveyses* au moyen âge, je suis porté à croire qu'il a signifié d'abord *Avelias terras*, « les terres d'Avelius » ; c'est un nom gaulois enregistré par M. Holder et qui se retrouve vraisemblablement dans *Aveliacus*, Aveizieux (Loire). Neulise (Loire), avec ses formes de *Nulisia*, *Nulleysi*, *Novalisius*, rappelle sans doute une *villa Novalisia*, la villa des Novalisius.

On ne connait pas de forme ancienne pour Cublize (Rhône), à moins qu'on ne puisse, comme le propose A. Bernard, corriger l'*Aubliacensis ager* d'un Cartulaire de Mâcon en *Cubliacensis*. Mais si on remarque que *Cuppeliliacus* a donné Comblizy dans la Marne, l'existence du nom *Cuppelilius* est attestée en Gaule. Pourquoi, alors, Cublize ne viendrait-il pas de *Cuppelilia*, villa d'un Cuppelilius ? Ce n'est qu'une hypothèse, mais assurément plus plausible, jusqu'à ce qu'on ait découvert la forme ancienne du nom de Cublize, qu'une hypothèse recourant à une langue parlée en dehors de la Gaule (2.

**Noms composés.** — Ce sont les noms formés de deux termes, dont l'un marque le genre ou idée principale et l'autre, l'espèce ou idée déterminante : par exemple, dans *Lugudunum*, l'idée principale est *dunum* (forteresse), et l'idée déterminante *Lugus*, la forteresse de Lugus. Les noms gaulois qui ont servi, dans nos pays, à la composition des noms de lieux sont : *dunum* (forteresse), *durum* (d'un sens analogue) et *magus* (champ).

Signalons comme composés de *dunum* : * *Artodunum*, au moyen âge *Artoduno* (3, *Arteun*, *Arteon*, Arthun (Loire) = la forteresse d'Artos, surnom signifiant « l'ours » ;

---

(1) *Cart. de Sav.*, II, p. 1088.

(2) Voir Holder, s. v. Cuppeliliacus.— M. A. Steyert (*loc. c.*) explique Cublize par le slavon *Kouplitz*, signifiant « marché », nom que les Sarmates auraient donné à leur établissement, à l'imitation de Feurs (*forum*). Mais : 1° le mot *Kouplitz* est-il contemporain de la colonie supposée ? 2° s'il existait alors et et sous cette forme, il n'aurait pu produire dans notre dialecte, qu'un nom masculin tel que *Cublis*, et non pas un nom à désinence féminine.

(3) *Cart. de Cluny*, III, p. 433, a. 896.

* *Bottodunum*, au moyen âge *Boledono* (1), *Botheon*, *Boleon*, Bouthéon (Loire), la forteresse de Bottos (nom gaulois cité par M. Holder);

* *Cambodunum*, au moyen âge *Cambetdonus*, *Cambedono*, *Cambechono* (fautif), *Chambeo*, *Chambeon*, Chambéon (Loire), la forteresse de Cambos (le courbe);

* *Tolvodunum*, au moyen âge *Tolvedunum* (2), auj. nom d'une montagne sur la commune de Chenelette (Rhône), le Tourvéon, la forteresse de * Tolvos.

Un composé certain de *durum*, c'est *Isarnodurum*, au moyen âge *Isarnodorum*, *Isarnodero*, *Isarnobero* (fautif), *Isernoro*, etc., aujourd'hui Izernore (Ain), qui signifie « la forteresse d'Isarnos » (l'homme de fer).

Comme représentant des composés avec *magus*, je ne puis également en citer qu'un dans notre région : Usson (Loire), sur la carte de Peutinger *Icidmago*, qu'on a corrigé en *Iciomago*, ce qui signifie « le champ d'Iccius (3) ».

**Noms dérivés.** — L'immense majorité de nos noms de lieux à base personnelle et datant de l'époque gallo-romaine, se compose de noms dérivés. La dérivation peut se faire avec un suffixe gaulois, comme avec un suffixe latin. La constatation est intéressante ; elle prouve que les noms où un élément gaulois est ainsi soudé à un

---

(1) Bernard, *Cart. de Sav.*, II. p. 1058 xvie s.). Le maintien du *t* dans ce nom prouve qu'il était redoublé ou appuyé.

(2) Qui a donné son nom au *Tolvedunensis ager*. C'est du même nom gaulois, sans doute, que dérive Tolvon (Isère, cant. de Voiron).

(3) D'Arbois de Jubainville, *op. c.*, p. XI, 148,390). Qu'on me permette une observation à propos de ce nom d'Iccius. M. Holder, à la suite de M. d'Arbois de Jubainville, croit le retrouver à la base, non seulement d'Issoire, ce qui est absolument certain, mais encore d'Izeure. La philologie romane ne peut admettre ce processus : Izeure exige pour point de départ * *Isiodurum* ou * *Itiodurum*, et comme le nom d'Itius est attesté en Gaule, c'est la seconde forme qui doit être proposée. Ce qui fait illusion, c'est la forme *Icioduro* (Izeure) de l'époque mérovingienne; mais ont sait qu'à cette date l'écriture confondait *ci* et *ti*.

élément latin date bien d'une époque où le gaulois était toujours usuel; si l'on trouve encore le suffixe gaulois *acus* en des mots formés à l'époque mérovingienne, la maladresse de l'emploi montrera que ce n'est plus qu'un signe traditionnel (1).

## I. — DÉRIVÉS AVEC SUFFIXE GAULOIS.

Les suffixes gaulois employés pour la dérivation des noms de lieux sont, dans notre région, *avus, iscus, acus*.

**Avus.** — Je n'ai à citer que le Bourg-Argental, *Argentao* à l'époque mérovingienne, *Argentavus* et *Argentau* au moyen-âge « la propriété du gaulois Argantos (2) »; et Izenave (Ain), *Isinava*, de **Isinos*, qui se déduit de *Isinisca*, (v. HOLDER, s. v.). C'est justement le suffixe qui se trouvait dans le nom ethnique des *Segusiavi*; on voit qu'ils n'en ont pas abusé pour la formation de leurs noms de lieux.

**Iscus.** — Une commune de l'Ain (canton de Ceyzériat), plusieurs hameaux du même département, une commune de Saône-et-Loire (canton de la Chapelle-de-Guinchay) et un hameau de l'Isère (commune de Roche-Thoirin) portent le nom de Romanèche. Ecrit au moyen âge *Romaneschi, Romanechi*, il remonte à *Romanisca*, « la propriété d'un Romanus ». En dehors de ce nom, *iscus* ne semble plus représenté que dans les noms de quelques hameaux : le *Calliscus* du cartulaire d'Ainay (Ch. 20, a. 1003), que M. d'Arbois de Jubainville rattache à Callius ou à un surnom dérivé de καλός; aujourd'hui, ce semble être Chalay, sur la commune de Chasselay (Rhône); et le *Lodiscus, Luiscus* du cartulaire de Savigny

---

(1) Quicherat avait cru à l'existence de deux suffixes *acus* et *iacus* pendant la période romaine; M. d'Arbois de Jubainville a fort bien démontré qu'il n'y en avait eu qu'un, *acus*, et que c'est à l'époque mérovingienne qu'on forma, par suite d'une méprise, le suffixe *iacus* (op. c., p. XIV).

(2) Le nom d'Argantos ou Argentos est entré dans un certain nombre de noms de lieux, notamment dans *Argentorate*, l'ancien nom de Strasbourg. Le gentilice qui en dérive, Argentius, a formé, dans notre région, le nom d'Argencieux (hameau de Soucieu-en-Jarez.

(ch. 30, a. 908, etc., ch. 366, a. 1000, etc.) qui n'est plus qu'un hameau de Mornant, le Luet : il rappelle un propriétaire gallo-romain *Lodius* ou *Lolus* (1).

**Acus.** — Mais c'est le suffixe *acus* qui occupe la première place dans cette catégorie de noms formés à l'époque gallo-romaine. Il y a longtemps qu'on soupçonnait à la base de ces noms de lieux en *ieu*, *y*, *é*, *ia*, *ay*, *as*, si abondants chez nous, un nom propre de forme latine. Ce n'est que depuis peu qu'ils ont été scientifiquement étudiés et les résultats de ces études n'ont pas encore été suffisamment vulgarisés. Vous entendez dire encore que le nom d'Albigny, par exemple, rappelle un Albinus, Messimy un Ma imus, Lucenay un Lucianus, etc. Tout cela manque d' actitude et de précision.

Il faut partir de ce principe que le suffixe gaulois *acus* marquant un rapport d'appartenance, se joint d'ordinaire à un gentilice terminé en *ius*, comme Albinius ou Carantius, d'autres fois à un gentilice en *enus* — équivalent de *ius* — ou à un nom ou surnom gaulois à radical consonnantique. Dans le premier cas, le nom de lieu se termine par *i-acus* : *Albini-acus*, et dans le second cas, par *acus* précédé d'une consonne : *Bessen-acus*, *Cavann-acus*. Il faut soigneusement distinguer, ce qu'on n'a pas toujours assez fait (2), ces deux catégories de noms, à cause de la forme à laquelle les a définitivement amenés la phonétique locale 3 .

1º i-acus. — Dès l'époque de la formation du dialecte lyonnais, la désinence *iacus*, a subi, suivant les lieux, deux traitements différents. Dans une région assez éten-

---

(1) Cf. HOLDER, s. v.

(2) L'explication qu'en donne Clair Tisseur (*Dict. étym. du patois lyon.*, p. xxviii), laisse beaucoup à désirer).

(3) Primitivement, les noms en *acus* sont des adjectifs : *fundus Albiniacus, villa Albiniaca* : une preuve, entre autres, nous en est fournie par une inscription du IIIᵉ siècle, celle de Tallesieu (Ain), pour le nom d'Ameyzieu : VALENTINVS ACTOR FVNDI AMMATIACI « domaine d'un Amatius. »

due du département de l'Ain (1) et, sporadiquement, en dehors de cette aire, les noms en *iacus*, comme *Montaniacus*, ont laissé tomber toute la partie post-tonique, et *Montaniacus*, par exemple, a donné *Montanies* au cas sujet et *Montania* au cas régime, tout comme *manducatus-manducatum* donnait, en franco-provençal, *mangies* et *mangia*. Naturellement, ces noms ont suivi le sort de la déclinaison à deux cas ; la forme en *ies*, presque exclusivement employée au xiii° siècle, a presque disparu au xiv°, au profit de la forme en *ia* (2). Tels sont :

* *Attiniacus, Atinies* (xiii° s.), *Aligna* (xiv° s.), aujourd'hui Attignat, « propriété des Attinius » ;

*Floriacus, Flories* (xiii° s.), *Fluyria* (xiv° s.), Fleyriat (hameau de Viriat), « propriété des Florius » ;

*Germaniacus, Germagnies* (xiv° s.), *Germania* (xv° s.), Germagnat, « propriété des Germanius » ;

* *Pauliacus, Polies,* (xiii° s.), *Pollia* (xiv° s.), Pouillat, « propriété des Paulius » ;

*Variacus, Varies* (xiii° s.), *Vayria* (xiv° s.), Veyriat, « propriété des Varius » ;

*Viriacus, Viries* (xiii° s.), *Viria* (xiv° s.), Viriat, « propriété des Virius » (3).

---

(1) Pour la répartition des noms en *ial*, voir l'étude de M. le D' Martin, *De la répartition de certains noms géographiques dans le dépar. de l'Ain*, etc., Lyon, 1800. (Extrait du C. R. du Congrès national de Géographie de Bourg, session de 1888).

(2) Dans les pouillés lyonnais seulement (Bernard, *Cart. de Sar.*, II) on relève, pour le xiii° siècle, 21 noms en *ies* et 6 en *ia*, et pour le xiv° siècle, 0 en *ies* et 33 en *ia*.

(3) Toutes les formes en *ies* des noms de l'Ain n'ont pas cédé la place aux formes en *ia*. Quelques noms, ayant conservé le cas sujet, même après la disparition de la déclinaison, ont abouti à *i* (y. Par exemple, *Albinies* (xiii° siècle), malgré *Arbignia* (xiv° s.), est devenu Arbigny ; *Vimies*, forme constante au moyen âge, devint Vimy au xvi° siècle (nom remplacé par Neuville-sur-Saône au xvii° s.) ; et *Venicies* (de *Viniciacus*, propr. des Vinicius), est représenté au xvi° siècle par *Veniri*, qui est encore la prononciation populaire : exemple curieux qui prouve que Vénissieux (Rhône) n'est qu'une orthographe administrative, ne correspondant à aucune forme *parlée* du passé. D'autres sont représentés aujourd'hui par des noms en *é* : exemple, *Bau-*

En dehors du domaine de *iat*, les noms en *iacus*, dans notre région, ont eu une destinée très remarquable. Au lieu de subir l'apocope de la partie post-tonique, ils ont laissé tomber la gutturale intervocalique et ont conservé l'*u* qui la suivait : un nom tel que *Albiniacus*, en passant par *Albinego*, est devenu *Albineu*. C'est la règle générale : tous les noms lyonnais dérivés de *iacus*, comme ceux de l'Isère et d'une partie de l'Ain, aujourd'hui en *ieu, y* ou *é*, sauf de rares exceptions, ont dû passer par l'étape *eu;* nos anciens documents en font foi pour un grand nombre : *Albineu* (Albigny), *Lentilleu* (Lentilly), *Ambaireu* (Ambérieux), *Moireu* (Moiré), *Moranceu* (Morancé), etc. Plus tard, à l'époque de la diphtongaison de *è*, l'*e* de *eu* s'est diphtongué en *ié*, et ce nouveau phénomène a produit, suivant les localités, des noms en *ieu* (Ambérieux), ou bien, par la chute de l'*u* final, des noms en *i* (Albigny), en *ié* (Quincié), en *é* (Denicé) (1).

Il est bien évident que nous ne pouvons étudier ici, ni même citer tous ces dérivés de *iacus*, qui figurent par centaines dans notre région. Signalons les plus caractéristiques de chaque série.

**Noms en ieu.** — Les uns proviennent d'un gentilice romain :

*Floriacus*, moyen âge *Floireu, Fluyreu, Flurieu,* Fleurieux (Rhône), du gentilice Florius = propriété des Florius ;

*Gratiacus, Grayseu, Greysieu,* Grézieux (Rhône et Loire), du gentilice Gratius ;

---

*gies* (XIII<sup>e</sup> s., de *Balgiacus)*, aujourd'hui Bâgé ; *Rancies* (pendant tout le moyen âge), aujourd'hui Rancé. Mais, par contre, tous les noms actuels en *iat* ont passé par la déclinaison *ies-ia* ; s'ils sont parfois écrits avec *eu*, comme Montagnat et Mespilliat qu'on trouve au moyen âge sous les formes de *Montagneu* et *Mespilleu*, il faut y voir des méprises de scribe.

(1) On pourrait se demander si, dans les noms en *é*, l'*u* n'est pas tombé avant la diphtongaison. Comme on trouve pour ces noms quelques formes anciennes en *ieu*, il faut admettre que *é* est successeur de *ié*.

*Latiniacus, Laigneu,* Lagnieu (Ain) et Leigneux (Loire), gent. Latinius ;

*Liciniacus, Lisineu, Lisigneu, Lesigneu,* Lézigneux (Loire), gent. Licinius ;

*Prisciacus, Preysseu, Prisseu, Pressieu, Precieu,* Précieux (Loire), gent. Priscius ;

*Quintiacus, Quinceu,* Quincieux (Rhône), gent. Quintius ;

*Severiacus* (1), *Sivriacus, Syvreu,* Civrieux (Rhône), gent. Severius.

D'autres proviennent d'un nom ou gentilice gaulois en *ius (ios)* :

*Ambariacus, Ambaireu,* Ambérieux (Rhône et Ain), gent. Ambarius (2) ;

*Beleniacus, Biligneu, Belligneu,* Béligneux (Ain), gent. Belenius (3) ;

*Conriacus* (4), *Condreu, Coindreu,* Condrieu (Rhône), du nom gaulois * Conrios ;

* *Coliacus, Cuyseu, Cuysieu,* Cuzieux (Loire), du nom gaulois Colius (5) ;

* *Curisiacus, Corciacus, Corziacus, Corzeu,* Courzieu (Rhône), nom gaulois Curisius ;

---

(1) Forme attestée dans GUIGUE, *Ob. Lugd. Eccl.* p. 60, à côté de *Severiacu* p. 51.

(2) On attribue d'ordinaire la fondation de ces villages à des Ambarres; ce n'est pas exact. Le nom veut simplement dire que le premier propriétaire du domaine qui a donné naissance à Ambérieux avait pour gentilice *Ambarius*, lequel provenait sans doute d'un surnom ethnique « l'Ambarre ».

(3) Nom dérivé de Belenos, Apollon gaulois; c'est donc un nom d'origine religieuse, comme Mercurius chez les Romains (Cf. D'ARBOIS DE JUBAINVILLE, *op. c.*, p. 170-180). Il nous a donné encore les noms de Béligny (Rhône) et de Bellignat (Ain).

(4) Forme attestée par le *Cart. de Cluny* (II, p. 183, a. 393), : « in agro Conriacense ». — Notons que, dans cette charte, le nom *Fumonte* doit être corrigé en *Sumonte* (= sub monte), puisqu'il désigne nettement Semons, comme *Topianis* y désigne Tupin.

(5) Nom gaulois, enregistré par M. Holder; *Colio*, qui en est dérivé, a été trouvé à Lyon (ALLMER et DISSARD, *Inscr. ant.*, t. IV, p. 320).

3

* *Iliacus*, moyen âge *Ysiacus, Yseu,* Izieux (Loire), nom gaulois Itius (1);

*Masiacus, Maiseu,* Meyzieu (Isère), nom gaulois Masius (2).

Il faut excepter de la catégorie des noms en *iacus :* Charlieu (Loire) qui vient de *Carus locus* et Cunieux (ham. de Vaugneray) qui s'explique par *Cuniculus* (3), au moyen âge *Cunils* (4).

Noms en i (y). — Dérivés d'un gentilice romain :
*Albiniacus, Albineu,* Albigny (Rhône), gent. Albinius ;

*Balbiniacus, Balbineu, Barbigneu,* Balbigny (Loire), gent. Balbinius ;

*Cassiacus* (5), *Chaisseu, Chessieu,* Chessy (Rhône), gent. Cassius ;

* *Domitiacus, Domziacus, Donziacus, Donzeu,* Donzy (Loire), gent. Domitius ;

*Firminiacus, Firmigneu,* Firminy (Loire), gent. Firminius ;

* *Graniacus, Grigneu,* Grigny (Rhône), gent. Granius ;

*Maximiacus, Maissimeu, Meissimieu,* Messimy (Rhône) et Meximieux (Ain), gent. Maximius ;

* *Pauliacus, Poilleu, Polleu, Pollieu,* Pouilly (2 communes dans le Rhône et 3 dans la Loire), gent. Paulius ;

* *Titiacus, Tisiacus,* Thizy (Rhône), gent. Titius.

Dérivés d'un nom ou gentilice gaulois :
* *Carilliacus, Charleu,* Charly (Rhône), gaulois Carillius ;

---

(1) Izieux ne peut venir d'Isis, *acus* ne se joignant jamais à un nom de divinité (cf. Holder, s. v. aco).

(2) J'avais proposé * *Maliacum* comme forme primitive « possible » de Maiseu (*Essai sur la langue vulgaire du Dauphiné,* p. 313); mais, le gaulois *Masius* étant bien mieux attesté que *Malius,* il me semble aujourd'hui préférable de l'expliquer par *Masiacus,* qui se trouve dans les anciens textes.

(3) *Cart. de Sav.,* ch. 29, a. 911 : « loco qui dicitur Cuniculus ».

(4) Guigue, *Obit. Lugd. Eccl.,* p. 137.

(5) *Cassiacus* est dans le *Cart. de Savigny* (ch. 204, n. 080); il doit donc remplacer le *Chassiacus* de M. Holder.

*Coniacus, Coigneu,* Cogny (Rhône), gaulois * Conios ;

*Excoliacus, Exculiacus, Escuilleu,* Ecully (Rhône), gaulois Excolios (1) ;

*' Renniacus, Rigniacus, Riniacus, Rineu,* Régny (Loire), gent. gaulois Rennius (2).

**Noms en é, ié.** — Ces noms, presque tous en Beaujolais ou dans la Loire, ne s'expliquent pas autrement :

*Juliacus,* Jullié (Rhône), gent. Julius ;

*Juriacus, Giureu, Jureu, Juyreu,* Juré (Loire), gent. * Jurius (prob. gaulois) ;

*Laliacus, Laisiacus, Layseu, Gleysieu* (xvie s.), Gleizé (Rhône) (3), gent. Latius ;

*Luriacus, Luireu,* Luré (Loire), gent. Lurius (prob. gaulois) ;

*Maurentiacus, Moranciacus, Moranceu, Moran* ieu (xve et xvie), Morancé (Rhône), gent. Maurentius ;

*Mauriacus, Moriacus, Moiriacus, Moireu,* Moiré (Rhône), gent. Maurius ;

---

(1) Le nom d'Ecully a longtemps préoccupé les étymologistes lyonnais. Les uns y ont vu le nom latin du chêne *æsculus.* Mais, outre que, dans ce cas, on aurait eu *Æsculacus,* incapable d'aboutir à Ecully, il ne faut pas oublier qu'on doit toujours chercher dans les noms de lieu en *acus* — du moins en dehors des pays bretons — un nom de personne ; il est extrêmement douteux que *acus* se soit jamais joint, dans la Gaule romaine, à des noms de choses pour former des noms de lieux (Cf. D'ARBOIS DE JUBAINVILLE, p. 173). La forme *Excoliacus (Cart. de Sav.,* ch. 186, n. 989) cadre fort bien avec le nom gaulois *Excolios,* signalé par M. Holder. Il m'a resté pourtant quelques doutes, parce que je n'ai pas rencontré la première forme qui a dû sortir d'*Excoliacus,* c'est-à-dire *Escoileu,* comme *Floireu* de *Floriacus.* — Deux autres noms de lieux, dans la Loire, ont la même origine qu'Ecully : Eculieux (ham. de Marcilly-le-Pavé) et Ecullieux (ham. de La Fouillouse).

(2) Gentilice gaulois d'origine religieuse, dérivé d'après M. d'Arbois de Jubainville (*op. c.,* p. 333), du nom de fleuve Renos, considéré comme dieu et devenu nom d'homme. Ce gentilice, très répandu dans la Gaule, a produit dans notre région, outre le nom de Régny, ceux de Régnié (Rhône) et de Rignat, de Rigneu-le-Désert, de Rignieux-le-Franc, dans l'Ain.

(3) Le passage de *Layseu* à *Gleysieu,* d'où Gleizé, s'explique probablement par l'agglutination de la syllabe *el* de *ecclesia,* dans la locution « ecclesia Laisiacensis ».

*Taliacus, Tasiacus, Tayzeu, Theyzieu,* Theizé (Rhône),
gent. Tatius (1).

Le nom de Vaugneray mérite une mention spéciale.
Tous nos documents prouvent qu'il est composé de *Vallis*
et de *Neriacum* ; c'est même *Neriacum*, tout seul, qui a
été son premier nom. Or, *Neriacum* provient de Nerius
qu'on retrouve dans le nom de Néris (Allier) et de Neyrieu
(Ain). A ce compte, le nom actuel devrait être *Vaugnerieu*
ou *Vaugnery*, ou *Vaugneré*. Par le fait, on le trouve quelquefois écrit au moyen âge, *Vaneyreu* ou *Vaunereu*. La
notation actuelle par *ay*, semble donc le résultat d'une
confusion avec les noms en *ay*, dont nous allons nous
occuper, plutôt qu'une fausse graphie pour *ei, ey* : ce traitement de *iacus* ne semble commencer qu'en Saône-et-Loire.

2° Acus. — Le suffixe *acus*, précédé d'une consonne,
est également traité de deux manières différentes : ou
bien toute la partie post-tonique a été apocopée, ou bien
la gutturale *c*, après s'être atténuée en *g*, a passé à *y*.
Dans le premier cas, on a eu des noms en *as*, au cas sujet
et en *a* au cas régime : *Albucionacus = Arbuczonas —
Arbuzona*, comme *appellatus—appellatum* a donné *appe-
las—appela* (2) ; dans le second cas, nous avons des noms
en *ay, Bessenacus = Bessenay.* Comme on le voit, c'est le
pendant exact du double traitement de *iacus*, sauf que,
c'est le cas sujet qui a définitivement triomphé dans les
noms en *as-a.* Seulement, la répartition dans notre région
en est bien différente : tandis que les noms en *ies-ia* sont
à peu près cantonnés dans le nord de l'Ain, les noms en
*as-a* sont un peu disséminés dans le Rhône, l'Ain et l'Isère

---

(1) Urfé (Loire, au moyen âge *Ulfeu, Ulpheu, Ulphieu,* vient probablement de *Vulfiacus,* « propriété d'un Wolf », et ne peut être antérieur par
conséquent, à l'époque mérovingienne.

(2) M. Joret *(Du C dans les langues romanes,* p. 63) hésite pour l'explication
de l's dans les noms en *as,* entre l'hypothèse d'une transformation phonétique du *c* et l'hypothèse de l's de déclinaison. L'hésitation ne me semble
pas possible avec les indications fournies par nos anciens documents.

avec, cependant, une prédominance marquée dans le Beaujolais.

C'est toujours un nom de personne qui est à leur base, que ce nom soit romain ou gaulois. Quand il est romain, c'est d'ordinaire un gentilice, non plus en *ius*, mais en *enus*. M. d'Arbois de Jubainville a fort bien démontré leur équivalence, de telle sorte que *Bessenus*, *Lucenus*, doivent être considérés comme de vrais gentilices aussi bien que *Bessius*, *Lucius* (1).

**Noms en as.** — Les uns viennent d'un gentilice en *enus*. Par exemple:

*Avenacus*, Avenas (Rhône), du gentilice Avenus, équivalent d'Avius;

*Frontenacus*, Frontenas (Rhône), de Frontenus = Fronteius;

*Laccenacus*, au moyen âge *Lacennaa* (= à), *Lacenas*, *Lacena*, *Lacenna*, Lacenas (Rhône), de Laccenus = Laccius (2).

Restent deux noms qui présentent une difficulté particulière : Juliénas et Orliénas (Rhône). On ne peut douter qu'ils ne viennent aussi de noms en *acus*, quoiqu'on ne les trouve pas sous cette forme dans nos anciens documents (3); les formes vulgaires de *Jullenay* et *Jullienas*, d'une part, d'*Orlenas*, *Orlienas*, *Orliennas* de l'autre, à la date où elles apparaissent, correspondent exactement aux formes des noms authentiquement en *acus*. La mouillure de l'*l* s'oppose à l'hypothèse d'un type *Julenacus*,

---

(1) *op. c.* p. 449, *sq.* C'est ainsi qu'une vigne du pays des Helviens s'appelle *vitis Etrenaca* (Pline et Col.), comme elle pourrait s'appeler *Etriaca*.

(2) La sifflante *c* (= *s*) du mot *Lacenas* exige un type avec *c* redoublé : je le trouve dans *Laccius* (gentilice gaulois) révélé par *Lacciacus* (cf. Hol.DKR, s.v.).

(3) *Aurelianum*, nom donné à Orliénas par une charte de 861, ne peut être la forme primitive ; ainsi que nous le verrons tout à l'heure, *Aurelianus*, dans nos pays, aurait abouti à *Orlins*. M. Holder rattache Juliénas à *Juliniacum* (de *Jullinus*); explication inadmissible, car nous aurions alors *Julligny*, *Julligné* ou *Jullignieu*.

*Aurilena:us* ; j'y verrais donc la combinaison directe de *acus* avec *Julianus*, *Aurelianus*, noms romains qui peuvent, du reste, avoir été portés par des Gaulois ; d'où * *Julianacus*, * *Aurelianacus*.

Par là, ils font la transition avec les noms de lieux qui suivent, dérivés d'un nom ou surnom, gaulois ou latin :

*Albucionacus*, au moyen âge *Albuczona*, *Arbuczonus*, *Arbuzona*, *Albussonas*, Arbuissonnas (Rhône, du nom latin Albucio, nis, dérivé d'Albucius (1) ;

* *Aldonacus*, au moyen âge *Audona*, *Olennas*, Odenas (Rhône), du nom gaulois * Aldo (2) ;

*Arnacus*, au moyen âge *Arnas*, *Arna*, Arnas (Rhône), du nom gaulois * Arinus (3) ;

* *Gaunacus*, au moyen âge *Jauna*, *Jonas*, *Genas*, Genus (Isère), du nom gaulois Gaunos (4) ;

* *Marcionacus*, au moyen âge *Marconai*, *Marczona*, *Marczonnas*, Marsonnas (Ain), de Marcio, onis, dérivé de Marcus (5).

Ici se place un nom dont l'étymologie n'apparaît pas, à première vue, comme facile, le nom de Brindas (Rhône). Comme il figure, dans nos documents, sous les formes de *Briendaco*, *Briandas*, *Briendas* et enfin *Brindas*, on doit nécessairement remonter à * *Briandacus*, d'un plus ancien * *Brigantacus*. On sait que le nom de Briandus, qui n'était pas rare en Irlande et en Bretagne, se trouve plusieurs fois dans les cartulaires lyonnais. C'était celui, notamment, d'un seigneur de Lavieu, maison à laquelle appartenait l'archevêque de Vienne, Briandus de Lavieu

---

(1) C'est *Albucio* qui a donné Aubusson (Creuse).

(2) Se déduit de *Aldenus*, *Aldiniacus*, Cf. HOLDER, s. v. Aldene.

(3) Proposé par M. d'Arbois de Jubainville, v. HOLDER, s. v. Arnacus.

(4) *Jauna* se trouve dans le cart. du Temple de Vaulx, éd. par M. R. Delachenal (ch. 17, 25 ; *Jonas*, depuis le XII° jusqu'au XIV° siècle ; *Genas*, depuis lors. C'est le même nom qui a formé *Gaunissa* (Gonesse, Seine-et-Oise ; d'ailleurs le nom est connu (HOLDER, s. v. Gaunus).

(5) Ainsi s'explique le nom de *Quinsonnas* (hameau de Sérezin, près Bourgoin): * *Quintionacus*, de Quintio, onis, dérivé de Quintus.

(1306-17). Quant au nom lui-même, il est certainement celtique et doit remonter à *Brigantos*, dérivé d'un participe qui veut dire « qui s'élève, élevé », et qui apparaît dans le nom de Briançon (Brigantio).

**Noms en ay.** — En voici quelques-uns qui dérivent d'un gentilice :

*Bessenacus*, Bessenay (Rhône), « propriété d'un Bessenus » = Bessius ;

*Cavennacus*, *Chiviney*, *Chivennay*, etc., Chevinay (Rhône), de Cavenus = Cavius ;

* *Luccenacus* (1), *Lucennay* Lucenay (Rhône), de Luccenus = Luccius ;

Quant à Pollionnay (Rhône), écrit au moyen âge *Pollenay*, *Polonay*, *Pollennay*, *Poillenay*, *Pollioney* (XVIIIe s.) ; il me semble comporter la même explication que Juliénas et Orliénas, c'est-à-dire provenir de * *Paulianacus*, « propriété d'un Paulianus », plutôt que de * *Paulenacus* qui ne rendrait pas compte de l'*l* mouillée.

D'autres proviennent d'un nom pérégrin ou d'un nom gaulois :

*Athanacus* (2), *Aynnaco* (Xe s.), *Ainay*, *Enay*, Ainay (Lyon),

---

(1) Ce nom fait difficulté. Le *c* de *Lucenacum*, seule forme latine de nos documents, aurait dû aboutir à la sifflante douce, comme il l'a fait dans le nom de Luzinay (Isère) qui en vient certainement. Le type primitif a dû être, ce semble, *Luccenacum*, de * *Luccenus*, équivalent du gentilice *Luccius*, variante de *Lucius*, qu'on retrouve dans *Lucciacus* (Loucé, Orne). — Cf. Holder, qui rattache, doublement à tort, Lucenay à *Luciniacus*, qui nous aurait donné Luzigny, Luzigné ou Luzigneu.

(2) Encore un nom qui a donné du mal aux étymologistes. On a voulu parfois le rattacher au nom de la déesse Ἀθήνη, tout au moins à l'Athenæum sur les ruines duquel se serait construite l'abbaye. Clair Tisseur, en proposant *Athenacus* comme point de départ, semble avoir partagé cette opinion. Mais on sait aujourd'hui que le suffixe *acus* ne se joint jamais à un nom de divinité, et probablement jamais, dans la Gaule romaine, à un nom de chose pour former des noms de lieux. Force nous est donc de rechercher dans *Athanacus* un nom de personne. M. d'Arbois de Jubainville, en considération sans doute de la population grecque de l'île d'Ainay à l'époque impériale, a proposé Ἀθήνη; accepté par M. Holder. M. A. Steyert (*N. hist. de Lyon*, I, p. 574) présente une explication nouvelle. Le nom d'Ainay aurait été inconnu

de 'Αθήνα;, nom grec dont 'Αθηνάιος; est le dérivé ;

*Cavannaeus*, Chavanay (Loire), du surnom gaulois Cavannos (le hibou) ;

*Carantacus*, Charantay (Rhône), du surnom Carantos (ami).

Charnay (Rhône) a certainement la même origine ; mais je n'oserais le dériver, avec M. d'Arbois de Jubainville, du celtique *Carnos*, parce que nos anciens documents nous présentent plus d'une fois *Chaarnaco*, ce qui suppose la chute d'une dentale intervocalique et fait songer à un primitif * *Catarnacus*. Quant à Chasselay (Rhône), *Cacellacus, Chancellaco* (1), il provient sans doute d'un surnom, mais difficile à déterminer. Notons en passant que l'Ambronay de l'Ain, *Ambronacus*, suppose le nom ethnique *Ambro, onis*, et signifie la propriété non

---

avant l'arrivée des Burgondes ; ce sont les Burgondes qui, en repeuplant l'île devenue déserte après la ruine du commerce des vins, l'auraient appelée du nom d'un personnage notable, Athan, en empruntant le suffixe gaulois *ac*, d'où *Athanac*. Faute de références dans le livre de M. Steyert, il est difficile de discuter point par point les faits allégués. Tenons-nous-en à la question purement philologique, en faisant observer toutefois que le texte de saint Grégoire de Tours, qui signale pour la première fois le nom d'Ainay (« locus ille, in quo passi sunt, Athanaco vocatur, *ideoque* et ipsi martyres a quibusdam vocantur *Athanacenses*. » *De glor. mart.*, 49), sans être explicite, semble plutôt plaider en faveur de l'antiquité du nom. L'explication proposée est-elle vraisemblable ? Je ne le pense pas : il est probable qu'à cette époque tardive, un nom burgonde, comme *Athan*, à supposer qu'on eût voulu recourir au vieux suffixe gaulois pour le transformer en nom de lieu, se serait soudé, non à *acus*, mais à *iacus*, comme c'est arrivé pour Urfé (*Vulf-iacus*) et presque tous les noms de lieux de cette catégorie dérivés d'un nom germanique ; il est plus probable encore que les Burgondes auraient gardé à Lyon comme ils l'ont fait aux alentours, et à Ainay comme ils l'ont fait à Fourvière pour le nom de Flacanges, leur propre suffixe *inga* (*ingo*) ; voir la savante étude de M. Philipon, sur l'emploi, dans nos pays, de ce suffixe burgonde (*Revue de phil. franç.* t. XI, p. 109). Toutes les vraisemblances restent donc en faveur de l'explication de M. d'Arbois de Jubainville : Ainay doit être considéré comme gallo-romain et non comme burgonde. Ajoutons que les règles de notre dialecte ne permettent pas de dire qu'Ainay se soit jamais appelé *Athanac*, surtout au v⁰ siècle. La chute des finales n'a eu lieu que bien plus tard, et quand ce phénomène se produisit, ce *c* était certainement métamorphosé, probablement en *y*, *ayo*, d'où il resta *ay* : Ainay.

(1) GUIGUE, *Obit. Lugd. Eccl.*, p. 167.

pas précisément d'un Ambron, mais d'un propriétaire dénommé ou surnommé *Ambron*.

Il arrive quelquefois que le nom de lieu en *acus* soit employé au pluriel féminin, en sous-entendant un nom commun, tel que *domus, silvæ, terræ*. Il y en a un cas dans le voisinage de Lyon : c'est Brignais. Ce nom apparaît dans un document de 868, *villam Briniacas* (1) ; au XIIIe siècle, il revêt les formes suivantes : *Brinnaics, Brinhaies, Brinnies, Brignaies, Brinnaes, Brinaes*, et enfin au XIVe siècle, il est écrit *Brignays*. En dépit de l'exemple *Briniacas*, qui n'aurait pu produire chez nous que *Brignies*, il faut partir de * *Brinnacas*, et admettre que l'*n* ne s'est mouillé, c'est-à-dire changé en *gn*, qu'après la transformation de *acas* en *aies*. Le nom dérive du gaulois *Brinnos*, variante de *Brennos*, et signifie « les terres ou les bois de Brennos ».

Notons à ce propos que les scribes du moyen âge, ne sachant pas exactement l'emploi de *iacus*, écrivent très souvent par *iacus* des noms en *acus* et même à tort et à travers des noms qui n'appartiennent pas à cette famille (2) ; quand il y a conflit entre les deux notations, c'est la forme actuelle des mots qui le tranche.

## II. — Dérivés avec suffixe latin.

Il n'y a à citer ici qu'un suffixe latin qui serve à faire d'un nom de personne un nom de lieu; mais il est très intéressant, au moins pour notre région : c'est le suffixe *anus*, lequel se joint à un gentilice en *ius*. Très fréquent en Italie, où il correspond, pour l'importance et avec un sens analogue, à notre *acus*, il est relativement rare dans l'ensemble de la Gaule. Quand le radical des noms en *anus* est latin, le nom ainsi formé atteste que le proprié-

---

taire du domaine est un colon italien ou bien un Gaulois
romanisé; si le radical est gaulois, l'adoption du suffixe
latin *anus* semble prouver qu'on ne boude pas la conquête.

Pour reconnaître les noms de cette catégorie, il faut
savoir qu'en notre pays franco-provençal *ianus* aboutit
à *in* (*ins*, au cas sujet). Ainsi, dans le voisinage de Lyon,
*Cæsarianus*, le « *fundus* d'un Cæsarius », a produit, par
l'intermédiaire de *Cesirin*, *Cerisin*, Sérézin (Isère) (1).
D'ailleurs ces noms sont sensiblement plus fréquents
dans l'Isère que dans les départements voisins : Blandin
(*Blandianus*, Chimilin (*Camillianus*, Tullins (*Tullianus*),
Flévin (*Flavianus*), etc. Le doublet en *acus* de tous ces
noms se retrouve en France, parfois même, pour ainsi
dire, côte à côte. Par exemple, à *Blandianus* correspond
*Blandiacus* (Blanzy, Saône-et-Loire), *Camillianus* a pour
pendant *Camilliacus* (Chemilleu, ham. de Passin, Ain).
Dans l'Isère, on a en regard l'un de l'autre : *Asianus* (Eyzin,
cant. de Vienne) et *Asiacus* (Azieu, cant. de Meyzieu);
*Mapianus* (Mépin, cant. de Saint-Jean-de-Bournay), et
*Mapiacus* (Mépieu, cant. de Morestel); *Flavianus* (Flévin,
com. de Champier, cant. de La Côte-Saint-André), et
*Flaviacus* (Flévieu, com. de Ternay, cant. de Saint-Sym-
phorien-d'Ozon). Ce parallélisme fournit donc un bon
critérium pour les cas douteux.

Dans le département de l'Ain, Poncin, au moyen âge
*Castrum Pontianense*, vient sûrement de *Pontianus*,

---

*Cæsarianus* (*Cart. de Cluny*, p. 402, n. 975), *Cisiriano* (ib., I, p. 238, n. 924).
*Cesarino* (ib., II, p. 100, n. 856), etc., *Cerisin* et *Cerezin*, au xv⁰ siècle. (*Les
Mazures de l'Isle-Barbe*, I. p. 500-1, n. 1497). La forme intermédiaire nous est
fournie pour le nom de Sérezin (cant. de Bourgoin, qui est de même étymologie : *Cesirin* (U. Chevalier, *Cart. de Saint-Ruf*, p. 20, n. 1123). C'est donc
au moyen âge, du xii⁰ au xv⁰ siècle, qu'a eu lieu la métathèse destinée à
faciliter la prononciation du nom. M. Holder, après M. Longnon (*Géogr. de
la Gaule, au vi⁰ s.* p. 201, rapporte Sérezin à *Cisarianus*; c'est à mi-chemin
de la vérité, au point de vue de la forme; sans compter que le mot n'a rien
de celtique, ce que M. Holder semble admettre comme possible. On voit ce
qu'il faut penser de l'étymologie qui rattache le nom de Sérezin au passage
des Sarrasins en nos pays

« *fundus* d'un Pontius »; de même pour le Poncins de la Loire, écrit *Poncianis* au moyen âge. Plus curieux est le Charancin de l'Ain, puisque c'est le gentilice gaulois *Carantius* qui s'est joint à *anus*, *Carantianus*.

Pour le Rhône, un nom de ce genre est hors de doute : c'est Tupin (canton de Condrieu), écrit *Tipiano* au IXe siècle (1), *Tepianis* au Xe (2), *Tepins* au XIIIe (3) : c'est la propriété d'un * *Tepius* ou * *Tipius*. Je ne puis avoir de doute non plus pour Oullins, quoique je ne connaisse de ce nom aucune forme latine en *anus*. On lui a supposé une parenté avec les Ollières, c'est-à-dire avec *olla*, marmite, poterie (4). On oubliait qu'il est écrit *Aullins* dans tout le moyen âge, et *Ullins* au XVIe siècle, tandis que *Ollarias* donne invariablement *Olercs*, *Olieres*, par un *o*. On oubliait aussi qu'il y a un Ouilly près de Villefranche et un Huillieux dans l'Ain, tous deux continuateurs de *Auliacus*. On doit donc admettre que notre Oullins était primitivement *Aulianus*, « la propriété d'un Aulius ».

Irigny est constamment écrit *Irignins* au moyen âge, sauf une fois *Irignis*; il a donc changé sa syllabe finale, sous l'influence des noms de pays voisins en *y*. Il devait être à l'origine *Irenianus*, « propriété d'un * Irenios » (5).

Même observation pour Agny, resté dans le nom de Saint-Laurent-d'Agny. Ce nom était au moyen âge *Dagninus*, *Dagnins*, *Daygnins*. D'où il résulte que la forme actuelle présente une double infidélité à la tradition : la séparation du *d* initial, considéré comme une préposition, et le changement de *ins* en *y*, comme pour Irigny.

---

(1) *Gallia Christ.*, XVI, Instr. 5, a. 820.

(2) *Cart. de Cl.*, II, p. 188, a. 960.

(3) GUIGUE, *Obit. Lugd. Eccl.*, p. 142.

(4) Par exemple, M. Philipon, dans son étude sur le patois de Saint-Genis-les-Ollières (*Rev. des patois*, I, p. 250).

(5) On connaît le nom gaulois *Irenillus* (Cf. Holder), d'où se déduit *Irenios*.

M. A. Vachez, dans sa savante étude sur l'*Ager Goflacensis* (1), assigne la date de 1559 au premier phénomène. Si nous considérons que, dans l'Ain, il y a un Dagneux *(Daniacus)*, nous avons le droit de voir son doublet dans *Dagnins* et de l'expliquer par *Danianus*, « propriété d'un Danius »; c'est un nom gaulois, connu par les inscriptions de Lyon et de Vienne et dérivé de l'adjectif * *danos*, « hardi » (2).

Telle est la situation géographique que révèle en notre contrée, pour l'époque celtique et l'époque gallo-romaine, la philologie appliquée à l'interprétation des noms de lieux. Cette situation est scientifiquement assurée dans son ensemble et ne laisse place à la contestation que pour des points de détail. Elle donne lieu à quelques observations générales qui serviront de conclusion à cette étude.

Les souvenirs linguistiques laissés chez nous par l'occupation ligure sont rares et d'un caractère assez vague, même en ce qui concerne les noms de rivières; la science n'a pu jeter sur ce point qu'une lumière incertaine, et, malheureusement, ressemblant beaucoup plus à un crépuscule qu'à une aurore. Il est bien à craindre qu'elle ne puisse arriver à pénétrer dans la nuit profonde de ces origines lointaines, autrement qu'elle ne l'a fait jusqu'ici, à la lueur vacillante de l'hypothèse. Par contre, l'empreinte celtique est encore assez marquée chez nous, même dans les noms des lieux habités, malgré la perte, à travers les âges, de certains noms authentiquement gaulois. Ici l'étymologie se trouve sur un terrain plus solide, grâce aux progrès du celticisme scientifique, et elle nous permet de voir, souvent avec certitude, de quelle façon nos ancêtres les Gaulois dénommaient les lieux

---

(1) Imprimerie impériale, 1868, p. 21.
(2) Cf. HOLDER, s. v.

habités, empruntant leurs noms tantôt aux conditions du sol, tantôt à la divinité protectrice, tantôt au propriétaire ou du moins au fermier de la terre.

Mais les souvenirs, exclusivement gaulois, de notre toponymie, ne sont que peu de chose en regard des souvenirs gallo-romains. Il y a, après la conquête, un tel épanouissement de propriété foncière, qu'il faut convenir tout au moins que, si elle ne l'a pas créée, elle l'a bien vite organisée. Et dans ce travail d'appropriation du sol, on peut voir, à la lumière de la linguistique, avec quel empressement le vaincu accepta la loi du vainqueur. Ce fut du Gaulois au Romain, au point de vue des mœurs comme de la langue, une des plus rapides assimilations dont l'histoire ait gardé le souvenir : preuve évidente que la conquête fut acceptée, dès le premier jour, comme un honneur et un bienfait ; c'était l'hommage d'un peuple avisé, et déjà civilisé, à la supériorité de la civilisation romaine.

L'histoire connait des annexions qui n'ont, ni chez le vainqueur l'excuse des Romains, ni chez le vaincu, et pour cause, cette soumission empressée. Eh bien, dans ce remarquable phénomène d'assimilation, il semble bien que les peuplades groupées autour de Lyon se soient particulièrement distinguées. Je n'en veux pour preuve que la fréquence et le caractère des noms de lieux dérivés d'un gentilice avec *acus*. N'oubliez pas que ces noms veulent dire, non pas par exemple qu'Albigny a été fondé par un Romain Albinus, Civrieux par un Romain Severus, Jullié par un Romain Julius, et ainsi des autres noms, mais par quelqu'un qui avait pour nom de famille Albinius, Severius ou Julius. Or, si ce gentilice ou nom de famille pouvait être, à l'occasion, celui d'un colon romain, il était. dans la grande majorité des cas, celui d'un Gaulois romanisé, ce qui, du reste, est évident, quand le gentilice ou bien le nom et le surnom sont celtiques. Ceci posé, voyez quelle est, par rapport à tout le territoire français, la proportion des noms de cette catégorie sur le territoire lyonnais.

On a calculé qu'en France les noms en *acus* représentent le 5 0/0 des noms de lieux habités. Chez nous le pourcentage est bien plus considérable. A ne prendre que les noms de communes, et par conséquent abstraction faite des lieux dits, les noms en *acus* sont au nombre de 31 0/0 dans la partie de l'Isère qui confine au Rhône (arrondissements de Vienne et de La Tour-du-Pin), de plus de 28 0/0 dans le Rhône, de 27 0/0 dans l'Ain, et presque de 17 0/0 dans la Loire. On est donc en droit de conclure que c'est sur les bords du Rhône, de la Saône et de la Loire, chez les Allobroges, les Ségusiaves et les Ambarres, que la population gauloise s'est le plus vite et le plus profondément romanisée. Il est bien à présumer qu'en dehors des avantages exceptionnels qu'offrait aux Romains la situation topographique de Lugdunum, ils se laissèrent influencer, dans l'octroi des privilèges qu'ils accordèrent à cette cité, par la considération de la loyale et intelligente sympathie des peuplades dont cette ville était le centre. Si la philologie, à elle seule, n'a guère les moyens de résoudre les grands problèmes historiques, elle peut apporter à leur solution une aide qu'on ne doit pas dédaigner, ne fût-ce qu'une confirmation.

Ne disons pas pourtant que nous sommes des Romains ; ne disons pas davantage que nous sommes des Celtes ou des Francs ; nous sommes tout cela parce que, sur la terre de Gaule, comme en un creuset, la Providence a opéré la fusion de toutes ces races pour en faire sortir une race une, malgré la diversité de ses origines, amoureuse de l'idéal comme les Celtes, ouvrière de la civilisation comme les Romains, prompte à se faire le soldat du droit et de Dieu comme les Francs : la race française. Si les noms de lieux de notre région nous rappellent les peuples qui ont successivement mis quelques gouttes de leur sang dans nos veines, d'autres noms que nous n'avons pu étudier ce soir, les noms empruntés à la religion, attestent que, dans cette élaboration séculaire de la race française, c'est l'Evangile qui a pétri son âme. Nous

devons les respecter les uns et les autres, à cause de ce qu'ils nous disent du passé. S'attacher à les comprendre et à les aimer, c'est encore, si humble qu'elle paraisse, une façon d'aimer son pays.

# Index des Noms de Lieux

Feurs, 7, 21.
Firminy, 34.
Fleurieux, 32.
Flévieu, 17.
Flévin, 42.
Fleyriat, 31.
Forez, 7.
Fourneaux, 21.
Frontenas, 37.
Fureus, 13.
Genas, 38.
Germagnat, 31.
Gier, 13.
Gleizé, 35.
Grenoble, 7.
Grézieux, 32.
Grigny, 31.
Gua (S.-André-le), 5.
Guillotière (La), 21.
Huillieux, 43.
Igny (Saint), 4.
Iguerande, 17.
Irigny, 43.
Issoire, 28.
Izenave, 29.
Izernore, 28.
Izeure, 28.
Izieux, 34.
Jarnioux, 15.
Jarnosse, 15.
Juliénas, 37.
Jullié, 35.
Juré, 35.
Lacenas, 37.
Lagneu, 33.
Leigneux, 33.
Lentilly, 32.
Létra, 21.
Lestra, 21.
Leyssard, 22.
Lézigneux, 33.
Lignon, 13.
Loire, 12.
Lozanne, 19.
Lucenay, 30.
Luet (Le), 30.
Lunna, 29.
Luré, 35.

Luzinay, 30.
Lyon, 7, 10.
Machezal, 22.
Mâcon, 25.
Marcoux, 25.
Mardore, 17.
Marsonnas, 38.
Marverand, 13.
Mediolanum, 30.
Mépieu, 42.
Mépin, 42.
Mespillal, 32.
Messimy, 31.
Meximieux, 31.
Meys, 20.
Meyzieu, 31.
Mezerin, 13.
Mions, 19.
Moingt, 19.
Moiré, 31, 35.
Montagnal, 31, 32.
Mont-d'Or, 16.
Morancé, 32, 35.
Morin, 13.
Morinand, 43.
Mornant, 19.
Neaux, 21.
Neulise, 27.
Odenas, 38.
Oingt, 19.
Olmes (Les), 22.
Onzon, 13.
Orliénas, 37.
Ouilly, 43.
Oullins, 43.
Ozon 13.
Pacaudière (La), 21.
Panissières, 23.
Pinay, 26.
Polgues (Saint), 4.
Pollionnay, 30.
Pomeys, 21.
Pommiers, 21.
Poncin, 42.
Poncins, 43.
Pouillat, 31.
Pouilly, 34.
Précieux, 33.

Quincé, 32.
Quincieux, 31.
Quinsonnas, 38.
Rancé, 32.
Régnié, 35.
Régny, 35.
Rignat, 35.
Rigneu, 33.
Rignieux, 35.
Rivoire (Haute), 22.
Roanne, 19.
Romanèche 20.
Sain-Bel, 4.
Saône, 12.
Semons, 38.
Sérézin, 42.
Serin, 25.
Solaise, 18.
Solore, 30.
Sorbiers, 21.
Sornin, 13.
Souternon, 19.
Tarare, 19.
Ternand 19.
Theizé, 35.
Thizy, 34.
Thoranchin, 13.
Tolvon, 28.
Tourvéon, 28.
Trambouzan, 13.
Tullins, 42.
Tupin, 33, 43.
Urfé, 35, 40.
Usson, 28.
Uzore, 19.
Vaise, 25.
Vaugneray, 35.
Vénissieux, 31.
Verdun (Mont), 11.
Vernay, 21, 11.
Verrières, 23.
Veyriat, 31.
Veyziat, 25.
Vieu-d'Izenave, 22.
Villechenève, 21.
Villeurbanne, 25.
Viriat, 31.
Virieu, 22.

Lyon. — Imp. Mougin-Rusand, rue St-... 3